富人的口袋，窮人的天堂

那些有錢人不說，
卻默默在做的致富秘密

前言
富人的口袋，窮人的天堂

在充滿變動的時代裡，窮人一直想要變有錢，至於有錢人則想要更有錢！

大部份的人沒辦法得到自己所想要的東西，原因在於他們不知道自己究竟要什麼。如果你不是全心全意，用對方法做對事，那麼你可能創造不出多大的財富。日子總在忙忙碌碌的盲目追求中，徒然虛度青春卻一無所得。

但是有錢人卻完全清楚，他們想要財富就不輕易動搖，並且全心全意投入以便創造更多財富。

「想要」不必然能夠「擁有」；想要卻得不到，只會衍生出更多的欲望。當「致力」於變得富有，就會毫無保留的貢獻自己，例如一天工作十六小時、一週工作七天，犧牲睡眠、犧牲休閒時間……。這段時間可能很長，不過有錢人會準備充分，而且願意做出犧牲，以便達到致富目的。

窮人和大部份的中產階級，都是從「匱乏」的角度看世界，但有錢人卻想辦法利用創意，來達到自己的目標。

有錢人與窮人的最大差異是：窮人把一塊錢當一塊錢花，用錢換取眼前想要的東西；至於有錢人則把每一塊錢都視為「種子」，每種下一元，就努力賺回十元、一百元，或是更多。

富人口袋裡的秘密，藏著窮人渴望一窺究竟的致富關鍵。如果你只願意做輕鬆的事，人生就會困難重重；如果你願意接受及面對困難的事，人生就會變得輕鬆。

祝福你，以及你所想要得到的事物。

財富、機會、運氣，名人智慧精華語錄

關於財富

*偷竊得來的財富會長腳，勞動得來的財富有根。

——山姆．沃爾頓

*美德可以打扮一個人，而財富只能裝飾房子。

——山姆．沃爾瑪

*成為有錢人的方法是，把你所有的雞蛋放在一個籃子裡，然後顧好那個籃子。

——安德魯．卡內基

*財富流向心裡準備好迎接它們的人，就如同水流向大海般。

——拿破崙．希爾

*我從沒有想過，為什麼別人有的，我沒有？因為我知道，別人有的，我都可以有；別人的成就，不是我的詛咒。

——黎智英

＊貪婪是最真實的貧窮，滿足是最真實的財富。
——李嘉誠

＊當一個人真正覺悟的一刻，他會放棄追尋外在世界的財富，而開始追尋內心世界的真正財富。
——李嘉誠

＊人的價值，在遭受誘惑的一瞬間被決定。
——李嘉誠

＊金錢可以買床鋪，但不能買睡眠；可以買紙筆，但不能買文思；可以買房屋，但不能買家庭；可以買食物，但不能買食欲；可以買娛樂，但不能買快樂；可以買諂媚，但不能買忠誠；可以買服從，但不能買尊敬；可以買權勢，但不能買智慧；可以買肉體，但不能買愛情。
——薩克雷

＊拿破崙擁有一般人所追求的一切：榮耀、權力、財富，可是他卻對聖海蓮娜說：我這一生從來沒有過一天快樂的日子。而海倫・凱勒又瞎、又聾、又啞，卻表示：我發現生命如此的美好。
——卡內基

Preface

*知足是天然的財富，奢侈是人為的貧窮。

——卡內基

*一塊麵包可以填飽飢餓，天下的財富卻滿足不了貪欲。

——希爾頓

*道德是永存的，而財富每天在更換主人。

——普盧塔克

*財富就像鹽水，你會越喝越渴。

——叔本華

關於機會

*大多數人失去機會，是因為機會身著工作服並且看來像是勞動。

——愛迪生

*機會留給正在行動的人。

——詹姆士・奧斯丁

＊你可以選擇做或不做，但不做就永遠沒有有機會。

——李嘉誠

＊樂觀者在災禍中看到機會，悲觀者在機會中看到災禍。

——李嘉誠

＊生命太過短暫，今天放棄了明天不一定能得到。

——李嘉誠

＊有智慧的人創造的機會比遇到的多。

——法蘭西斯・培根

＊你若想要在這世界成功，必須自己創造機會。苦等第七波浪潮把他拋上陸地的人終將發現，第七波浪潮要很久才會到。

——約翰・高夫

＊不必等待特別的機會，只要抓住一般的時機並使它偉大。

——奧里森・馬登

＊機會不會從天上掉下來，需爭取及努力才可得到它，而這需要毅力及勇氣。

——傑夫．貝佐斯

＊機會只垂青那些懂得怎樣追求她的人。

——查理．尼科爾

＊假如你希望在生活中獲得更多的機會，你必須播種，而且最好多播種，因為不清楚哪一粒種子會發芽。

——坎貝爾

＊優雅是上帝的禮物，而智慧則是天賜的機會。

——蘭格倫

＊我們在變化中成長。如果你拒絕變化，就拒絕了新的可能和機會。

——凱蒙斯．威爾遜

＊如果事先缺乏周密的準備，就算機會上門也毫無用處。

——托克維爾

關於運氣

*我堅信運氣，我發現我愈努力，我擁有的愈多。

——湯瑪斯‧傑佛遜

*有助於增長運氣的習慣包括時時留意機會、保持一顆忍耐及求變的心、犧牲驕傲與自負、同時重視細節與遠見，以及勇敢且樂觀地度過困難時刻。

——查理斯‧維克多

*好的運氣令人羨慕，而戰勝惡運更令人驚嘆。

——培根

*事情不會如你所想要的那麼幸運，你得一步步紮根，無論是友誼還是機遇。

——安德魯‧卡內基

*運氣是當機會來臨時你已為它準備好。

——丹佐‧華盛頓

CONTENTS 目錄

卷2 第二堂課：從滿足人性需求開始
——洞察人心，就能成為最後贏家

卷3 第三堂課：精算，讓每一個念頭都服從於利益動機
——做生意的成功藍圖由四塊拼圖而成：
好謀而成、分段治事、不疾而速、無為而治

卷4

第四堂課：靠力氣不如靠腦袋

——老虎雖然咆哮山林，卻看不到山鷹眼中的風景；
做事懂得借力使力才能不費力

CONTENTS 目錄

卷7 第七堂課：夢想、學習和堅持

——只要你每次比別人稍微優秀一點，能再多堅持一會，就可能贏得更多機會

卷8 第八堂課：忠於自己的選擇

——每一個人的人生都充滿了選擇，你可以選擇你想做什麼，但不管選擇什麼，都不要貪心

CONTENTS 目錄

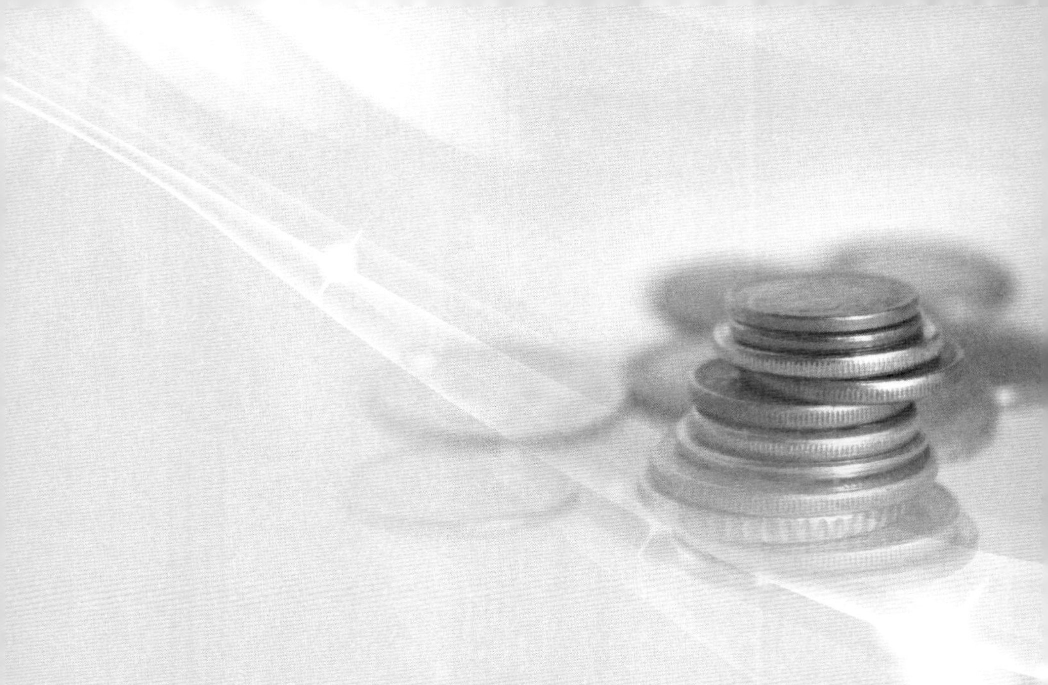

【卷一】

第一堂課：

管它的，去做就對了

我們總是左思右想，
怎麼做才是最好的選擇，
最後的結果是永遠受困在當下。
不行動永遠是最下策，
特別是當你處在逆境時，
要想甩開困難，
就去做你在順境時不會做的事情，
用你在順境時不會採用的方法。

——只要動手去做，事情就會好起來——

伊提帕．柯彭溫奇經典名言：

「人生很短，要儘快找到自己喜歡做的事情，而且不要一味聽別人的話，要傾聽自己的聲音，永遠不要失去自己的心。」

個人小檔案：

伊提帕．柯彭溫奇：泰國「小老闆海苔」創辦人兼執行長。

十九歲，創立「小老闆海苔」，成為泰國第一大海苔品牌。目前，「小老闆海苔」一年可賺進八億泰銖，成為泰國炙手可熱的青年億萬富翁。

你可能沒聽過伊提帕．柯彭溫奇（Aitthipat Kulapongvanich），但你或許認得帶著瓜皮帽的紅衣小人偶、吃過來自泰國的「小老闆海苔」。

現年二十九歲的伊提帕，正是「小老闆海苔」創辦人兼執行長。它不僅是泰國

No.1的海苔品牌，同時外銷二十多個國家，創業故事更被拍成電影。正當台灣許多年輕人為了月薪「才」22K的問題憤憤不平時，泰國的「小老闆海苔」創辦人兼執行長伊提帕．柯彭溫奇，早在十九歲那年便決定做自己人生的主人。當時一心創業改善家計的伊提帕，手上拎著一包「只用塑膠袋裝、外面貼上貼紙，就像菜市場賣的一樣」海苔，便勇敢上門敲7-ELEVEN的大門。碰了一鼻子灰後，伊提帕並沒有洩氣。他說：「所有的挑戰，對我來說都是『機會』，讓我開發出自己的潛力、學會長大。」

家中負債，逼出伊提帕的創業路

當年十六歲的伊提帕和其他高中男生一樣，不喜歡唸書、每天以打線上遊戲為樂。在無意間發現，原來線上寶物也可以賺錢，並且月入四十萬銖，於是年紀輕輕就買下人生第一部車子而羨煞同儕。

十七歲時，由於受不了整天被關在教室裡，伊提帕寧願逃學去賣糖炒栗子。

有一天伊提帕走在曼谷的中國城，觀察到自己和不少華裔泰國人喜歡吃的「糖炒栗子」，竟然只在中國城才買得到。身為泰國華僑第二代的他，內心不斷忖度：如果能將糖炒栗子引進大家常去的量販店，要買就方便多了。這讓他有了第一次創業的點子。

他的糖炒栗子商店在泰國的大型量販店開了三十幾間連鎖店。然而創業的路，不可能一帆風順，雖然引進了最新的技術，口味也贏得了大眾喜愛，卻因為糖炒栗子所產生的黑煙燻黑了賣場的天花板，而遭到撤櫃。

不久，父親生意失敗宣告破產，負債高達四千多萬泰銖，原本打算舉家遷往中國，伊提帕卻義無反顧選擇留在泰國，立志要賺大錢，幫助家裡還清債務，那年他才十八歲。

年輕的伊提帕回憶人生中最難受的一天，是回家看到媽媽因債主上門討債而痛哭，他忍不住自問：「我該做什麼，才能讓媽媽不再掉眼淚？」

被迫另尋出路的伊提帕，轉而注意到商店裡有種「炸厚片海苔」賣得特別好，於是決定再接再厲，瞄準泰國剛起步的海苔消費市場。

相信自己辦得到，並願意為理想掙扎

當第一次踏上7-ELEVEN時，伊提帕手上拎著一包海苔登門想要做生意，卻因「包裝太醜」而遭拒。花了兩個月徹頭徹尾修改後，再次叩關才終於傳出捷報。

不過，一旦拿到了7-ELEVEN這個超大通路的訂單，伊提帕的難題才正要開始。

沒錢？沒機器？又沒經驗？要如何量產？伊提帕必需在短短兩個月時間內交出第一筆訂貨，然而除了憑著滿腔熱血，其他任何條件都空空如也。

摸著石頭過河，全憑膽識與堅持

他絞盡腦汁寫好營運企畫書提出貸款申請，卻遭銀行以太年輕而拒於門外，於是只好賣掉原來的糖炒栗子工廠來籌資。一心一意闖出一條生路的伊提帕，每天不斷地發問、打聽、碰壁，終於一步一步解決所的困難，讓「小老闆海苔」能如期在泰國三千多家的7-ELEVEN成功上架。

現年二十九歲的伊提帕，已不再是從前那個青澀的少年郎，而是滿腦子生意經的年輕企業家。沒有傲人的家族背景和響叮噹的名聲地位，憑藉著非比尋常的毅力與永不退縮的努力，而成為國際知名海苔品牌「小老闆」創辦人。目前旗下員工近三千人，在全球二十七個國家、六千多家7-ELEVEN均有販售，囊括全泰國八成以上的海苔消費市場，而成為炙手可熱的青年億萬富翁。

從電玩小子到海苔富豪，年輕的伊提帕再次改寫一般人對創業之路的刻板印象，「小老闆」正一步一步邁向他的「大老闆」之路。

宛如「摸著石頭過河」的過程，考驗的不僅是伊提帕的經營智慧，更是膽識與堅持。

「最重要的是，要有正確的心態。你必須相信自己辦得到，並願意為它掙扎。假如等錢都到位才創業，也許我根本不會再有如此大好的機會。」伊提帕說。

浮世語

伊提帕說：「做生意就像打電玩一樣，要一關一關打上去，想成為最高等級的贏家，就必須持續玩下去」。憑著一股「出生之犢不畏虎」的勇氣與決心，讓當時年方十九歲的他，在無人看好聲中殺出一條生路。

巧合的是，和伊提帕同年齡的臉書創辦人祖克伯，二人的致富崛起過程有著諸多雷同之處。兩人都是一九八四年出生、都先後為了一圓夢想而放棄學業，而且兩人也都是網路使用愛好者；祖克伯熱衷電腦程式，最終創造臉書傳奇；伊提帕從販賣線上遊戲寶物，最後成功打造海苔王國。兩人皆在相似的時間點搖身一變，成為舉世矚目的少年億萬富翁。

敢拼、創新就有活路

二〇〇三年的一個夜晚，剛失戀的哈佛大學學生祖克伯落寞地回到宿舍，這將會是一個難以入睡的夜晚。

祖克伯無聊地坐在床上，腦海中浮現出千百種思緒，突然間一個瘋狂的想法出現，他跳上電腦桌，開始著手寫電腦程式。到了凌晨四點，宿舍學生在入學時上傳的相片與資料通通被他擷取而來，製成了一個可以評論留言的公開網頁「Facemash」——這就是如今風靡全球的臉書雛型。

最初，它的註冊權限僅限於哈佛大學的學生，但由於這個全新的社群網站既便利又好玩，因此在短短兩週內就橫掃整個校園；開站不過三個月，這個網站就風光地打進全美國三十所大專院校，蔚為一股風潮。

當年夏天，祖克伯前往美國西岸放暑假。原本單純的度假行程，最後演變成祖克伯與Facebook（臉書）短暫歷史中最重要的一個夏天：因為祖克伯在這個陽光與創業的寶地上，成功地爭取了Paypal共同創辦人席爾的五十萬美元資金挹注。

這筆重要的資金，成為臉書能夠開啟傳奇新頁的重要動源。往後，在新的投資人陸續加入後，有了充足的子彈，臉書的發展勢如破竹。二〇一二年五月臉書正式上市，根據資料顯示，祖克伯的個人身價於上市後暴漲，「富比士雜誌」稱他是全球最年輕的超級富豪。

年方二十九歲的祖克伯，以僅僅八年的時間，帶領三千餘名工程師，建立了一個擁有約九億名會員的龐大王國，而祖克伯就是臉書王國的統治者。

你或許沒有用過臉書，也不知道什麼是臉書，但這位年輕人正在改變你我的世界。祖克伯曾經說：「我試著使這個世界更開放。」時代雜誌總編輯史丹吉爾表示，臉書「已經改變我們的日常生活方式」，影響範圍之廣前所未有，至於年輕的祖克伯則有如「穿著T恤的國家領導人」。

實力，在摸索與挫折中逐漸成型

全球最大的搜尋引擎網站谷歌（Google）創辦人賴瑞・佩吉和塞吉・布林，也是年紀輕輕便成功致富的典範。二人當時是史丹福大學的校友，共同的特點是有技術有熱情，唯獨口袋空空。

一九九七年初佩吉寫出了一個簡單的搜索引擎程式。沒想到這個引擎很快地在史丹福校園裡流行起來。隨著資料庫規模越來越大，用戶數量越來越多，布林和佩吉的簡陋設備很快就不敷使用了。但是，他倆根本沒有錢，所以只能千方百計省錢，不僅自己購買零組件來組裝機器，還在倉庫裡四處翻找沒人認領的電腦。

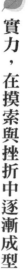

之後，史丹福的教授們和大學的技術認證辦公室，持續努力幫助二人找尋新買家，對象包括雅虎等其他大型企業，可是這些公司最終都沒有買下Google。

不斷遭到拒絕使兩人備受打擊，不過也使他們的信念更加堅定。憑著一份對電腦的熱情，佩吉與布林日以繼夜工作，不斷改善搜索引擎功能，因此睡眠成為一種奢侈品，往往到了深夜時分，狹小的工作室裡仍然擠滿了忙碌的小組成員們。

車庫裡發跡崛起的億萬富豪

布林和佩吉仍然持續努力地尋找可能的買主。

終於，一九九八年八月底一個晴朗的早晨，布林和佩吉說服了安迪，這位元太陽微系統的共同創辦人之一，他同時也是史丹福大學的校友。當安迪靜靜地聽完二人的新產品介紹後說道：「這是幾年來我聽過的最好想法，我希望能夠成為其中的一分子。」

他立刻開出一張十萬美元的支票。

對於安迪來說，這也許只是一個微不足道的小投資，可是對這兩個一無所有的年輕人而言，卻具有不同凡響的意義。

安迪的加入，讓他們在向家人和朋友融資的時候更具說服力。很快地就集資大約一百萬美元，這些錢足夠購買必需的電腦設備，以及邁出重要的第一步。

佩吉與布林為此還去漢堡王餐廳吃了一頓漢堡大餐，開心地慶祝一番。

那天早上，當安迪駕駛著自己的保時捷離開時，並沒有意識到剛才他的所作所為具有任何重大意義。「在我的構想裡，他們也許可以吸引數百萬的搜索用戶，然後再利用這些訪問流量來賺錢」安迪事後回憶說道：「當時其實壓根沒想到，Google日後竟然會發展成今天這個規模，沒有人能想得到！」

一九九八年九月Google在加州正式誕生。創立之初辦公室就是朋友轉租的車庫，公司除了佩吉和布林之外，就只有一個技術總監。沒想到這家由十萬美元展開的旅程，日後卻打造出市值約二千五百億美元的電腦王國，如今這兩位年輕企業家的長征之路仍在持續中。

別怕！每一次失敗都距離成功更接近

海苔富豪伊提帕年輕敢衝，優點是一看到商機便立刻放手一搏，缺點則是經驗不足，有時難免因思慮不週而被騙。

伊提帕曾感慨地說：「我好像做事都想得不夠周到。」

但叔叔卻回答：「如果你想太多，今天就無法走這麼遠了。」

伊提帕的當機立斷，堅定相信自己所做的決定而勇往直前，是成功的關鍵。

這個世界正快速地變化中，充滿各種挑戰、風險；它既開放又充滿著無限機會，值得不斷地嘗試、探索與發掘。不論是海苔富豪伊提帕、臉書國王祖克伯到谷歌的布林和佩吉，從一無所有到成功致富，雖然處於不同時空背景，但揚名立萬的過程，有著諸多異曲同工之處。

一、信心，無所畏懼

伊提帕以一個年方十九歲的毛頭小子，手上拎著一袋海苔便敢於敲開擁有三千多家連鎖店的7-ELEVEN大門；失戀的祖克伯在一個難以成眠的夜晚，寫出一個開放的交友程式，從此晉身成為舉世聞名的少年富豪；至於布林和佩吉二人，則僅僅以一個簡單的搜索引擎程式，便一手催生一家全球最大的網路公司。

以他們三人的出身背景來看，父親宣佈破產、口袋空空的大學生、默默無聞的研究生，剛開始他們只是光想著先解決眼前的問題就好，可是周圍的環境卻正翻天覆地的變化中。當發現機會上門後，三人立刻展現出無比的鬥志，緊緊抓住每一次向上攀爬的契機，不論多辛苦都絕不輕言放棄，這才一次又一次穿越險阻站上人生舞台的制高點。

因此，如果你也希望能夠成功，那麼當面對每一次困難挑戰時，從現在起學習告訴自己：「我要」、「我希望」、「我會」，理所當然地，你將更有力量走到你想去的地方，以及達成所要完成的目標。

二、創新

臉書的成功關鍵在於它以社群網站方式，連結了分散在天涯海角的「親友團」，只要透過手指尖，便能分享人與人間日益疏離的情感與故事，它和昔日消費者只能單向面對冷冰冰的電腦螢幕大不相同。

自從有臉書，人們終於可以在最短的時間內，實現「天涯若比鄰」的夢想，不僅能拉近距離，也能拉近彼此心門。當然，這個創新點子立刻在極短時間內瘋狂襲捲全球，從而也將一位年方二十出頭的年輕小伙子推上生涯顛峰。

至於伊提帕則從自己向來愛吃的海苔中發掘出新商機。他用心地從泰國傳統小店和中國引進炸厚片海苔，將它變身成為泰國零食中的新面孔，而且售價比進口的日韓海苔更便宜，所以在泰國一上架便廣受歡迎，隔年甚至外銷到新加坡。

從網路使用者到賣海苔，創業沒有附說明書，沒人告訴你該怎麼做。多一點用心、再加上創意，就能走出一條和別人不一樣的成功之路。

三、熱情與活力

當布林與佩吉寫出一個簡單的搜索引擎程式，立刻在校園掀起一股風潮後，二人很努力地希望找到買主以便能夠賣錢解決生計問題。

在連續遭到雅虎等大企業拒絕收購後，備受打擊的二人組不知道自己究竟還還要等待多長、多久時間？不過他們並未因此改變心意，依舊日以繼夜地努力改善程式、努力工作。

正如賈伯斯在史丹佛大學的畢業演說中，他說：「工作在你人生中佔了很大的比例，所以唯一能讓你感到真正滿足的方式，就是去做你覺得偉大的事；而唯一能讓你擁有偉大成就的方式，就是要熱愛你做的事。如果你還沒找到那件事，那就繼續找，千萬不要妥協。」

信念與熱情支撐著布林和佩吉度過很多個漫漫長夜。他們一心一意追逐夢想，覺得生命有限，根本不能浪費，當然更沒有時間自怨自艾。

無論伊提帕、祖克伯或是布林與佩吉，都讓我們深深明白一件事，要想讓生命發光發熱，就要找到我們自己的熱情、並活出自己的價值、如此一來你的生命將會變得更加美好。

如何活出光采

- 正視自己內心的理想，付出行動、熱情追求
- 一個人的快樂，在於他做了應做的事
- 堅持理想
- 忍受寂寞
- 不在意外界的批評與干擾

小書籤

勇敢行動的收穫：一個美好的成功、一場寶貴的經驗、一次大膽的嘗試。

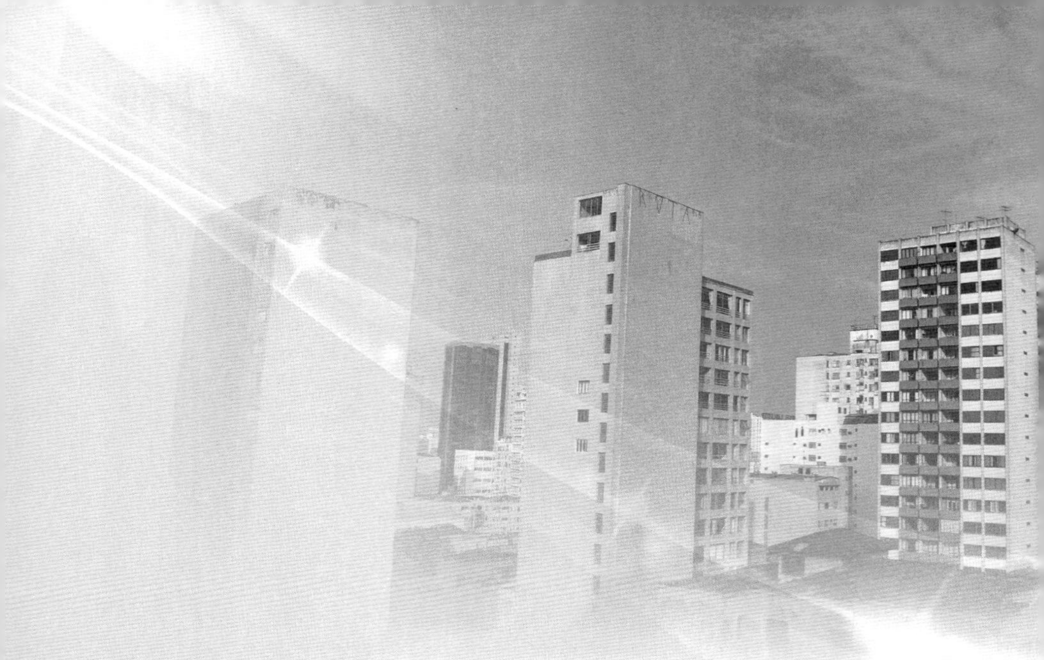

【卷二】

第二堂課：

從滿足人性需求開始

大家都想賺錢！賺更多的錢！
因為這樣才能過更好的生活，
享受更美好的人生！
但總彷彿距離目標有一大段距離，
為什麼？
因為不懂得觀察人心。
畢竟，沒有人會願意跟一位一直想
拿走自己口袋裡錢的人，
真心做朋友、說內心話。
所以，儘管你有很好的產品、很好
的話術、很好的銷售流程，
都不及你懂得人性、掌握人性、善
用人性來得更重要。

懂得人性，就是賺錢獲利的關鍵

山姆．沃爾頓經典名言：

「當我發現每當消費者想買大件或是量多的商品時，只要能便宜一百美元，人們就會毫不猶豫地開車到五十公里以外商店去買，於是我知道沃爾瑪該如何做了。」

「每個成功的事業，一開始都是一個夢想。你必須要有願景，才能看見未來更大、更好、更強的自己。」

個人小檔案：

沃爾瑪的創始人。山姆．沃爾頓出生在美國小鎮，是一個土生土長的農村人。二十六歲時他以向岳父借來的二萬美元，再加上自己平日省吃節用省下來的五千美元開了第一家雜貨店。

至今，沃爾瑪在全球十五個國家開設了超過八千家商場，員工總數有二百多萬人，每週光臨沃爾瑪的顧客達二億人次以上。

山姆．沃爾頓出生在美國阿肯色州的一個小鎮，是一個土生土長的農村子弟。

從小他的家境不好，母親必需在很有限的預算裡，省吃儉用才能維持全家開銷，因此平日生活非常節儉，這項特質無形中也對沃爾頓造成極大的影響。七歲的時候，沃爾頓就開始打零工了，他靠送牛奶和報紙來賺取自己的零用錢，另外還飼養兔子和鴿子出售。

從小，沃爾頓一直希望有朝一日能夠擁有自己的一家店。

向岳父借貸開出第一家店

當他二十六歲時，沃爾頓以向岳父借來二萬美元貸款，再加上自己平日辛苦積攢下來的五千美元，在自己的家鄉開了一家雜貨店。這個看起來不起眼的小店舖，卻讓他學會了很多重要的採購、定價、銷售策略，而這些理念成為日後沃爾瑪百貨得以橫掃全球市場的重要關鍵

沃爾頓創業之初，零售業市場上已經存在了像凱瑪特、吉布森等這些頗具規模的公司，不過這些企業大多將目光緊盯於大城市，他們不屑在小城鎮落腳，認

為這些小地方利潤太低、不值得投資。

但是沃爾頓可不這麼想。他觀察到隨著城市的發展，市區日漸擁擠，市中心的人口開始向市郊轉移，而且此一趨勢將繼續下去，這給小鎮的零售業發展帶來了良好的契機；同時，汽車的普及化也增加了消費者的流動能力，大大突破了地區性人口的限制。

聰明的他，敏銳地把握住此一有利商機，認為即使是小鎮，也同樣存在著許多商業機會。

篤信「便宜」就是王道

由於從小待在母親身旁耳濡目染緣故，沃爾頓十分崇尚節儉的經營之道，相信低價策略最符合消費者的最大利益。同時他也發現每當消費者想購買大件或量多的產品時，只要能便宜一百美元，人們就會毫不猶豫地驅車到五十公里以外的商店去購買。

於是，創業之初從五分至一角錢商店開始，他始終採用大眾化、低價的零售經營策略。

為了貫徹這個想法，沃爾頓以量大低價的採購方式壓低成本，再以破壞性的價格擾亂市場固有機制，只要一逮到機會便向供應商狠砍價格。他相信只要售價能夠低於競爭對手，就能在夾縫中爭取一息生存空間。因此，供應商們都知道和沃爾瑪做生意並不容易。

為了實現此一經營理念，沃爾頓必需想盡辦法節縮開銷。由於創業之初缺少資金，他帶領員工自己動手改造租來的舊廠房，研究降低存貨的方法，竭盡所能降低費用。剛開始公司目標利潤定在三十％，後來降到二十二％，這時其他競爭對手則依舊維持四十五％的利潤。

為了精簡成本，沃爾頓很少在店內或店外裝飾上花錢，也很少登廣告。此外，無論公司以多麼低的價格購進商品，依舊堅持加價率一定遠低於競爭對手。

沃爾頓的「女褲理論」就是沃爾瑪營銷策略的最好說明：例如女褲的進價0.8美

元，售價1.2美元。當銷售價格降到1美元時，這時企業會少賺一半的錢，但卻能賣出三倍的貨品。

「日落原則」、「三米微笑」抓住顧客的心

沃爾頓開店堅守著一個信念，「只要商店能夠提供最完整的商品、最好的服務，顧客就會蜂擁而至。」因此，他向員工提出了兩項要求：「日落原則」和「三米微笑」。

所謂「日落原則」是指每個員工都必須在太陽下山之前，完成自己當天的任務；而且，當顧客提出要求，也必須在太陽下山之前滿足顧客。

至於「三米微笑」則是指每當顧客走進員工三米以內的範圍時，員工就必須立刻主動詢問顧客有什麼要求，而且說話時必須注視顧客的眼睛。

在這樣的經營策略之下，小店很快就擴大營運規模，廉價的商品、優質的服務引來了四面八方的顧客。

沃爾瑪百貨公司就在沃爾頓貫徹「省錢，生活變更好」的理念下，一路擊敗眾多強勁對手，不斷向外開疆拓土。至今，這家從小鎮起家的雜貨店，已分別在美洲、歐洲，亞洲等十四個國家，共經營超過八千五百家購物廣場或會員商店。二〇一二年全年營收達四四六九．五億美元、總資產淨值近二千億美元，全球員工達二〇二萬人，為全球最大的零售業巨擘。

「摳門」的老頭兒與大方的幕後慈善家

值得一提的是，儘管沃爾頓成為億萬富翁，但他節儉的習慣卻一點也沒變。他沒購置過豪宅，一直住在本頓維爾，經常開著自己的舊貨車進出小鎮。鎮上的人都知道，沃爾頓是個「摳門」的老頭兒，每次理髮都只花五美元——當地理髮的最低價。

但是，這個「小氣鬼」卻默默地向美國五所大學捐出數億美元，並在多所學校設立獎學金，以便幫助和他一樣的窮孩子能夠上學。

對於自己一手創立的零售帝國，老沃爾頓說：

「每個成功的事業，一開始都是一個夢想。如果要實現這個夢想，就需要具備決心、熱情，與成長的意願。」

浮世語

從小農村起家到全球首屈一指的零售鉅子，沃爾頓的成功在於從人性出發的初心。

沃爾頓是典型的美國小鎮居民，在阿肯色州的本頓維爾一住就是四十年。

一九八五年富比士雜誌首度將他列入全美富豪排行榜首富。

當富比士的富豪排行榜一公佈，沃爾頓和沃爾瑪商店一夜之間成為全美關注焦點，大批記者擁向沃爾頓的住宅。然而，當眾人看到這位新美國富豪時，卻大失所望！

一直住在舊宅的沃爾頓，穿著一套自己商店出售的廉價服裝，戴著一頂打折的棒球帽，開著一輛破舊不堪的小貨運卡車上下班，車後還安裝著關獵犬的狗籠子。他並未因富有而購置豪宅，一直住在原本的老房子裡，經常開著自己的舊貨車進出小鎮。

銷售，來自於人性

每天他一大早起床，沃爾頓就到當地餐廳吃早餐，然後去辨公室，只有獵鵪鶉可以吸引他暫時離開工作。他是那種會去借報紙、卻不願意花二十五分錢去買報紙的人，但他同時也是每個星期天，會邀請窮困家庭與他們夫婦共進午餐的人。

雖然日子過得低調而樸實，但他似乎一直樂在其中，並且一點也不想改變。但或許也正是來自於典型農村庶民的本性，讓山姆．沃爾頓的所思所想更貼近人性，更符合一般大眾需求。

價格．價格．價格

沃爾頓曾多次強調，沃爾瑪百貨的成功之道，在於「做很簡單的事情，並且把它做好」。指的就是當顧客到達沃爾瑪商場時，凡是日常用品的一切需求，都能以「便宜的價格」並且「一次購足」。

特別是價格。價格指的是「最低價、天天低價、還要更低價」。流行、炫耀、上流社會，這些字眼從來不會與沃爾瑪聯想在一起。甚至連零售業慣用的金科玉律「地點、地點、地點」，在沃爾瑪的經營實務中都改變成為「價格、價格、價格」。

至今沃爾瑪的總裁辦公室依舊沿襲創辦人的樸實風格，室內陳設簡約而單純。這項作風使得很多人把沃爾瑪形容成「『窮人』開店窮人買」。然而，沃爾瑪從「價廉質優」做為出發點的經營風格，早已深深地貼近庶民百性的需求，這使得沃爾瑪在眾多後起之秀，爭相掠奪鯨吞的市場中，依舊維持競爭力並且始終屹立不搖。至今，已在全球十五個國家開設了超過八千家商場，據統計每週光臨沃爾瑪的顧客達二億人次以上。

風和太陽的故事

究竟，掌握人性和驅動消費力有什麼關係？下面有段有趣的故事：

這天，風遇到了太陽，兩個一起玩耍。

風和太陽在爭論著雙方到底誰是強者。風說：「我最強，因為我可以把天空中所有的雲吹掉。」

太陽說：「我比你更強，因為我可以讓水蒸發成很多很多的雲。」太陽和風爭論了很久。就在此時，他們看見一個男孩正在路上走著，男孩的身上穿著一件外套。風忽然想到了一個辦法，他說：「讓我們來比一比，看看誰能把男孩身上的外套脫掉。」太陽同意了。

於是，先由風開始。只見風使勁地對著男孩猛吹，但他吹得越用力，男孩就把外套抓得越緊，好讓自己溫暖一些。過了一會兒，風只好放棄了。

現在輪到太陽。它從雲端走了出來，首先以溫暖的陽光照拂著男孩，沐浴在和煦的陽光下，男孩的心情感覺輕鬆而愉快；過了一會兒，太陽逐漸增強它的熱力，當男孩覺得越來越熱，終於自動把外套脫了下來。

太陽贏得了這場賭注。

滿足需求，是實現獲利的根本

讓我們從這個小故事來看待人性與市場，究竟如何才能讓顧客心甘情願地脫下外套？如何讓顧客滿心歡喜地主動掏出錢來消費？是強勢的風？還是溫暖的太陽？風的方法是從自己所思所想做為起點，只一味地運用自己的力量來迫使對方接受，導致最後功敗垂成。至於太陽則是先照顧對方的需求，再讓別人慢慢地接受，下一步便會自然而然地靠近你。

做生意時，常聽人們說起「人性化銷售」，它不僅是一門藝術、也是重要理念。也就是說，如果想讓顧客心甘情願掏出錢來消費，銷售便必需更為人性化。先給顧客所想要的，例如價格、方便性、實用性等，當顧客的滿足點獲得實現，下一步自然而然能夠達到企業的根本賺錢需求。

沃爾頓從小鄉鎮出發的雜貨店，到成為富甲一方的零售鉅子，致富關鍵便在於能夠精準地從掌握人性需求做為出發點。

王品戴勝益成為八年級的新偶像

根據國內雜誌一項調查顯示，八年級生心目中成功典範第一名是王品集團董事長戴勝益、第二名是五月天主唱阿信、第三名是導演李安；台積電董事長張忠謀則未能進入前五名。

這項調查遴選十位一般公認的成功典範人物，包括包括張忠謀、李安、臉書（Facebook）創辦人祖克伯（MarkZuckerberg）、億萬富豪巴菲特（Warren Buffett）、運動員林書豪、阿信、戴勝益、台灣公益平臺基金會董事長嚴長壽、南韓歌手PSY、麵包達人吳寶春。

結果顯示，有十八．三％受訪的八年級生，心目中成功人物為戴勝益，一舉奪下冠軍寶座。

從三勝製帽的家族企業出走，自行創業的戴勝益，從無到有創造了王品集團，成功的經營模式與員工培訓制度最為人津津樂道。

王品——不斷創造快樂的體驗

戴勝益所領軍的王品之所以能在餐飲界的殺戮戰場中勝出，關鍵在於「尊重」。

下面是一位朋友到王品用餐的親身體驗：

「有一次我和家人一起到王品牛排館用餐，後方坐了一個帶有小孩的家庭，由於小孩子非常的開心而吵鬧不已。這時只好請服務人員幫我更換座位，不但很快地獲得了滿意的回應，服務人員為了表示抱歉，還多送了兩杯雞尾酒給我們呢。

我換了位子之後，隔壁坐了一個老伯伯，他可能身體有一點點不舒服所以在服務人員在送餐時，剛好咳了兩聲。這時服務人員很貼心的馬上詢問說：『需不需要我幫你送一杯熱水呢？』這種人性化的服務，很多餐廳在員工教育訓練的時候都會教，但卻不見得每個服務人員都會落實。

當我起身要去洗手間，只是眼神稍微瞄了一下，想確定洗手間的方向，這時馬上有服務人員告知洗手間該往哪裡走。我覺得受到重視，心裡很開心。

還有，當我一抵達餐廳時，就立即看到寫上我的名字的預約卡，雖然只是一個小小的動作，卻讓我們有了專屬服務的尊榮感。當然啦，餐廳的食物也很好吃。我想，下次有機會還會再去。」

每個小細節，都隱藏著貼心的服務

除此之外，戴勝益要求，客人入座的一分鐘內，要送上冰水；服務生躬身十五度，手持玻璃杯肚下方杯腳處，將冰開水送至餐刀右上方，距離牛排刀三公分處。兩分鐘後送上菜單、點餐後三分鐘送上熱麵包……。

他將第一線服務作業流程標準化，每一句問候、每一次添水遞紙巾，都是一場精心彩排過的表演。這項堅持，使得戴勝益所領軍的王品集團，打造出一家員工總數近萬人，二〇一二年年營收達新台幣一二三億的餐飲王國。

顧客掏錢，老闆數鈔票的皆大歡喜局面

你我或許都曾有過經驗，每逢百貨公司週年慶時，偶然間經過時看到正高高掛著「瘋狂出清、不計成本、跳樓大拍賣！」的看板時，是否腳步正不自主地向「它」走去？再度出來時，手上也「不負眾望」地拎了一個大包包，花了錢心裡還沾沾自喜：今天真是揀到便宜了！

但是，我們都沒有察覺的另一個畫面是：百貨公司的老闆們也正開心地數著鈔票呢！

無論如何，對於消費者而言，諸如「打折」、「拍賣」、「錯過不再來」的促銷字眼，真是具有致命的吸引力啊！

另外還有常見的「小特權」ＶＩＰ活動，例如銀行的ＶＩＰ不用排長隊，只要橫著走進去就能辦理相關業務；航空公司的ＶＩＰ有單獨的休息室；每年一度還有百貨公司專為ＶＩＰ仕女「封館」任意血拼；就連前往早已人滿為患的醫院就診，只要你

願意多付掛號費，就能避開長長人龍，還能享受指定醫師看診的專寵！

運用人性，創造商品的價值感

當然，這些享用「特權」的人，也為企業創造了許多高額利潤。至於這套方式成功的關鍵在於，置身短兵交接的市場競爭中，誰能洞察人性誰就能掌握消費者的荷包。正如菲力浦．科特勒所說：「星巴克賣的不是咖啡，是休閒；法拉利賣的不是跑車，是一種近似瘋狂的駕駛快感和高貴；勞力士賣的不是手錶，是奢侈的感覺和自信；希爾頓賣的不是酒店，是舒適與安心；麥肯錫賣的不是資料，是權威與專業。」

總而言之，任何人想要賺錢獲利，在設計商業模式時，就應該從人性出發。如此一來你所銷售的任何商品，都將因此延伸出綿綿不絕的價值與利潤。

如何讓顧客開心地掏出錢來

- 覺得自己花了一塊錢，卻賺上十塊錢……或者更多。
- 替顧客找到花錢的最佳藉口。
- 讓人覺得買的不是產品、不是服務，買的是一個夢想。
- 產品再高級，也不能忘了服務。
- 創造附加價值感，只要顧客覺得值得，就沒有價格問題。

小書籤

「只要能激起人們內心裡的潛在渴望，就能讓他開心地掏出錢來。」

——卡內基

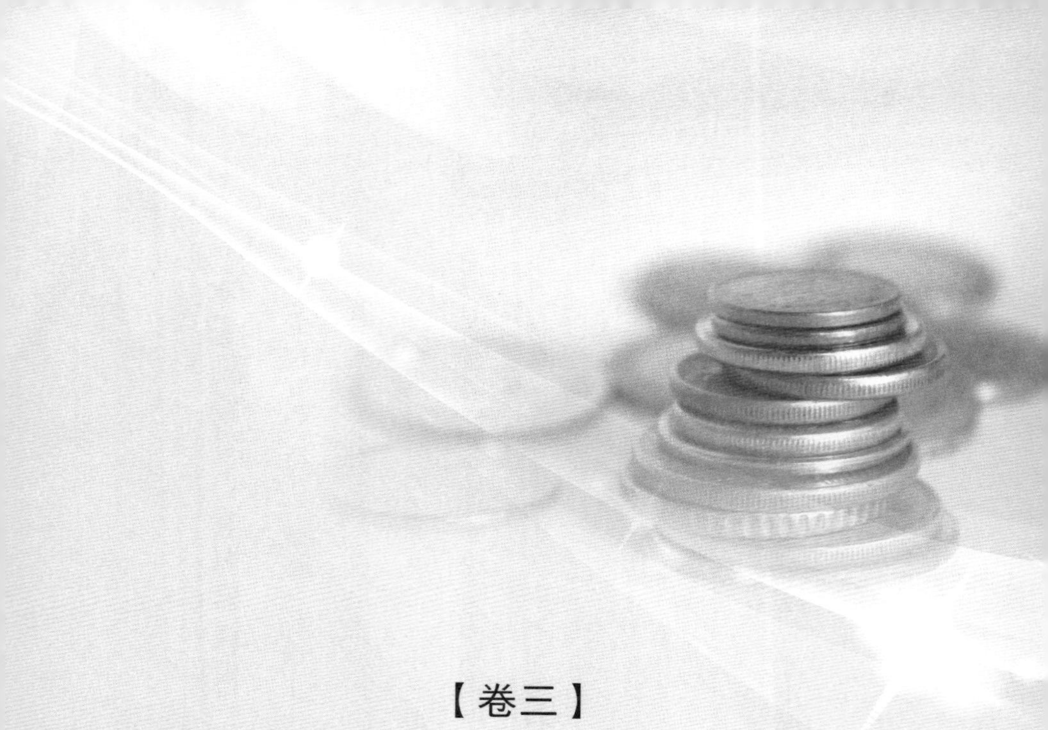

【卷三】

第三課：

精算，讓每一個念頭都服從於利益動機

管理學家羅伯特．湯塞德說：

「最精明的生意人，往往具備下列特徵：他們拿著你的手錶，告訴你時間，然後大搖大擺地把你的手錶帶走。」

—即使面對獵物，依舊保持冷靜、等待—

洛克菲勒經典名言

「沒有想好最後一步，就永遠不要邁出第一步。」

個人小檔案：

美國標準石油公司創辦人，全盛時期壟斷了全美高達九十%的石油市場，成為美國歷史上的第一位億萬富豪與全球首富；財富總值折合今日約三千億美元以上。

在美國有一對父子，他們在休士頓做銅器生意。一天，父親問兒子：「一磅銅的價格是多少？」兒子答道：「三十五美分。」父親說：「對，整個德克薩斯州都知道每磅銅的價格是三十五美分，但是做為一個有智慧的人，你應該回答說：『三十五美元』。現在，你試著把一磅銅做成鍋具或者大門的把手試試看。」

對一個生意人而言，如何用一塊錢創造出十塊錢的市場價值(或者更多)，才是真正經營王道。從事石油致富的美國億萬富豪洛克菲勒，很早就明白這個道理。

在精明的洛克菲勒眼中，任何東西都是有價的，都能失而復得，只有智慧才是人生無價的財富，它引導人們走向成功，而且永遠不會貧窮。

洛克菲勒曾經對他的子女們說：「在我最貧困的時候，我唯一的財富就是智慧，當別人說一加一等於二的時候，我會想到那應該大於二。」

數字觀念，從小培養起

從小，洛克菲勒對數字就很有概念，其中很大的原因是來自於他的成長背景。他出身貧窮，在家中六個孩子中排行第二。父親是一個精明的商人，很早就給兒子灌輸生意經。他教會孩子如何寫商業文書、如何清晰地記帳、如何準確而迅速地收付款。

小時候，洛克菲勒曾將自己捉到的小火雞精心餵養，然後再帶到市集上出售。十二歲那年，他把辛苦存下來的五十美元借給鄰居以收取利息。

當洛克菲勒還是個孩童時，父親常常讓他從高椅子上縱身跳入自己懷抱。有一次父親沒有用雙臂接住他，致使小洛克菲勒重重地摔在地上。父親嚴肅地對他說：「要記住，絕對不要完全信任何人。哪怕是最親密的人，也千萬不要輕信！」這件事給小洛克菲勒留下深刻的印象，以致於在日後的生意場合裡，他始終保持冷靜、警覺的頭腦，從而避免多次失誤。

為了幫助家計，洛克菲勒很早就以賣馬鈴薯來幫助家計，學生時代，他喜歡並擅長數學，但成績平平。他並不屬於才華洋溢的耀眼型的人物，但永遠嚴格系統化、理性不帶感情地處理問題。兒時玩伴這麼形容他：「規矩誠懇、嚴肅沉穩、內斂謹慎」。

想要開創一番事業，必須學會等待

十九歲那年洛克菲勒向父親借款一千美元，加上自己積蓄的八百美元，與比他大十歲的克拉克共同創辦了一家經營穀物和肉類的公司。這是洛克菲勒生平成立的第一家公司。

他做生意時總是信心十足、雄心勃勃。克拉克對洛克菲勒做事態度十分欣賞，他描述當年的情況說：「他有條不紊到極點，留心細節、不差分毫。如果有一分錢該給我們，他必取來。如果少給客戶一分錢，他也要還給客戶。」

後來由於美國賓夕法尼亞州發現石油，成千上萬人像當初採金熱潮一樣擁向採油區。一夕之間，賓夕法尼亞土地上井架林立，原油產量飛速上升。

克利夫蘭的商人們對這一個賺錢商機莫不怦然心動，他們推選年輕有為的經紀商洛克菲勒去賓州原油產地親自調查，以便獲得直接而可靠的資訊。但是當洛克菲勒來到產油地，眼前的一切卻令他觸目驚心：到處是高聳的井架、凌亂簡陋的小木屋、各式各樣挖井設備和儲油罐，一片烏煙瘴氣混亂不堪。

洛克菲勒沒有被眩目的「黑金」沖昏了頭，他看到了盲目開採背後的潛在的危機。

他回到了克利夫蘭。建議大家不要再一味地投資原油生產，因為那裡的油井已趨於飽和，而石油的需求有限，油市的行情必定下跌，這是盲目開採的必然結果。洛克菲勒判斷「原油價格必將大跌，真正能賺到錢的是煉油，而非鑽油。」歷史證明了他的想法是正確的。

他冷靜地勸告眾人，要想開創一番事業，必須學會等待，耐心等待才是走向成功之路的前提。

做生意就像跑馬拉松，保存實力才是最後贏家

果然，不出洛克菲勒所料。三年後由於瘋狂地鑽油，導致油價暴跌，煉油速度遠不及鑽油速度，許多鑽油商必須賤價拋售原油以避免破產，那些急先鋒一個

個敗下陣來。

洛克菲勒這才決定進場參與這場「盛宴」。

他和友人集資成立石油提煉廠。不久，由於和合夥人之間的意見分歧，他不惜舉債籌措現金將煉油廠的股份全數買下，這便是日後威名顯赫的美國標準石油公司前身。

他曾回憶當時的情景表示，有時候做生意就像是一場馬拉松賽跑，講求的是比耐力，那些一開始跑先鋒的不見得能夠支持到最後，能夠保存實力後來居上者，往往才是最後贏家。

由於看好投資前景，洛克菲勒選擇高風險的極端做法，大量舉債增資、大量開發副產品，使得公司迅速成長為美國最大的煉油廠。不久之後，他將煉油廠重組為標準石油公司，設於克利夫蘭。緊接著精明的洛克菲勒透過一連串的併購使公司規模不斷壯大，成立僅短短九年，標準石油已經控制全美九十%的煉油產業。

命運給予我們的不是失望之酒，而是機會之杯

洛克菲勒十四歲那年，在克利夫蘭中心上學。放學後，他常到碼頭上閒逛，觀察商人做買賣。有一天，他遇到一個同學，兩人邊走邊聊起來。那個同學問：「你長大後想做什麼？」年輕的洛克菲勒毫不遲疑地說：「我要成為一個擁有十萬美元的人，我一定會成功。」誰能料到，幾十年後，這個聞名國際的石油大王，所擁有的財富是他童年夢想的數十萬倍！

至今，洛克菲勒家族依舊是美國十大超級富豪之一，也是美國知名的權勢家族。他的孫子納爾遜•洛克菲勒曾當上美國副總統，而他的另一個孫子大衛•洛克菲勒則是赫赫有名的大銀行家。

從小時候賣火雞、馬鈴薯到成為美國石油鉅子，洛克菲勒在一次接受媒體採訪時表示：「命運給予我們的不是失望之酒，而是機會之杯。我不靠天賜的運氣活著，但我靠策劃運氣發達。」

浮世語

對於洛克菲勒而言，終其一生他精準地拿捏自己所扮演角色的分寸。

惜金如命的洛克菲勒，十六歲就花一毛錢買了小本子記下每一筆收入和開支，一生都把帳本視做自己最珍貴的紀念物。

在商場上，他奉行著：「盡力賺錢、盡力存錢、盡力捐錢」目標。像一隻冷靜、沉著的獵豹，一出手絕對快、狠、準，毫不留情地致力於清除所有競爭對手，以鞏固自己在石油業的壟斷地位，每每把對手逼到毫無喘息之地方才罷休，這也使得洛克菲勒屢屢被批評為「那個冷酷無情的生意人」。

不過，在生活中這位看似無情的掠奪者，卻也有著不為人知的溫度。

平日生活十分儉樸，要求孩子每日都要記帳。他的孩子必需靠做家務來賺取零用錢，例如：削鉛筆一角、修復花瓶則能掙一元、一天不吃糖可得二分錢，第二天還不吃再獎勵一角等；洛克菲勒晚年時，將大部分財產捐出資助慈善事業，開創美國富豪行善先河，成為美國近代史上最富傳奇色彩與爭議性的人物之一。

每一步履都精心計算

做生意時，精明的洛克菲勒強調：「沒有想好最後一步，就永遠不要邁出第一步。」因此他必需精算自己的每一步履，同時以無比專注的態度來面對每一場商戰，以便於讓自己的每一個念頭都服從於利益動機。

談生意人人都想賺錢，但那可並不容易。大到客戶在哪裡？做什麼生意？賺什麼錢？毛利高低？資金投入多寡？都要了然於胸，並且謹慎地去完成。小到公司內的每一筆支出，成本結構如何？人事預算如何？例行支出如何？甚至連影印紙如何撙節使用？這也都要精算、巨細靡遺，每一分錢都不能浪費。

在工作中所謂「錙銖必較、一毛不拔」，指的是花錢的態度。許多錢介於可花與不可花之間，至於所需要花的錢，也介於花多與花少之間。花錢還有「時間差」的問題，是必要花的錢？是今天花、還是明天花？這些模糊的介面，需要的不只是計算，態度才是重要關鍵。

操作手法細膩度成決勝關鍵

釐清了公與私、賺錢與花錢的態度後，接下來在做生意時操作手法的細膩程度，常成為最後決戰沙場。

一位千萬富翁就曾說過一句話：「你不必等到存夠資金才去賺錢，只要你擁有人們想要的，你就能拿這些東西去付帳。」

在力學中，我們懂得當力矩一定的時候，力臂越長，所需的力氣越小；反過來，力臂越短，所需花費的力氣就越大。誠如阿基米德所言：「給我一個支點和一根足夠長的槓桿，我就能推動整個地球。」不少富人們往往也是懂得如何運用「槓桿原理」者，每一次財富的積累都意味著他們找到合適的支撐點，使自己能用最小的力氣卻能產生最大的效果。

所謂槓桿的力量在於四兩撥千斤，也就是能更有效率地整合有限資源，並在最短的時間裡將結果最大化。

百事可樂借力使力敲開深鎖鐵幕

比爾．蓋茲說：「一個人永遠不要靠自己一個人花一〇〇%的力量，而要靠一百個人花每個人一%的力量。」聰明的蓋茲，無疑地深諳商場上借力使力的槓桿原理。

不過，早在蓋茲之前，知名的百事可樂公司便將此一原理運用得淋漓盡致。

一八九八年史上第一瓶百事可樂同樣誕生於美國，比可口可樂的問世整整晚了十二年。它的味道及配方和可口可樂相近，雙方在飲料市場展開一場激烈商戰。

百事可樂成立之初，在眾多的同類型公司中毫不起眼。但歷經歲月洗禮、滄桑百年之後，當時同一時期的多數公司如今均已不見蹤影，唯獨百事可樂壯大成為跨國公司。它之所以能在強敵環伺中屹立不搖，百事可樂董事長唐納德．肯特細緻綿密的政商人脈經營技巧，具有功不可沒的歷史定位。

回顧百事可樂的發展史，曾數次在艱困的市場順利破冰，其中最關鍵的原因，在於肯特的至交——當時任美國總統的尼克森幫了大忙。

一九五九年美國展覽會在莫斯科召開，肯特利用他與當時美國副總統尼克森之間的特殊交情，要求尼克森想辦法讓蘇聯領導人赫魯雪夫，在鏡頭前喝一杯百事可樂。於是在尼克森技巧的引導下，於展覽會時，當著全球的媒體的記者鏡頭前，尼克森與赫魯雪夫高舉百事可樂飲料，笑容可掬地一飲而盡。這個「珍貴」的鏡頭立刻傳遍全球，當然百事可樂也就順勢從此打開前蘇聯的市場大門。

要成為億萬富翁，除了思維、冒險、抓住機遇、創業和創新等必須要具備的或要的事情之外，你還需要把握什麼呢？要懂得將最小的資源極大化，才能借力使力達到事半功倍的效果。

欲取之，必先給予

做生意不能太看重眼前利益，一心只想著要如何賺錢，卻忽略了「欲取之，必先予之」的商場智慧。

某公司以驚人的低價推出一款印表機。據同行估算，其售價約為成本的九成，也就是說公司每賣出一台印表機，就會產生虧損。很多外界人士預言，該公司不久將會倒閉。

可是實際情況恰恰相反。一年後，該公司生意強強滾，規模更加壯大。原來，這種低於成本的印表機必須使用該公司生產的專用墨水匣。賣印表機是賠錢，而真正賺錢的卻是墨水匣的銷售。

經營者要懂得從賠錢裡找商機，這樣不僅能彌補先前的損失，還能賺得更多。

國內許多量販店每季總爭相推出特惠活動，同時大打廣告強調以「破盤價」優惠「老顧客」！吸引不少消費者爭相上門揀便宜。不過，真正的結果卻是量販店賺得荷包飽飽。為什麼？因為算盤打得精的量販業者，早已算準當消費者專程上門購物，絕不會只買單一商品，常「順便多買」其他物品。如此一來，雖然犧牲了單一商品的利潤，卻能從其他商品上賺回來。

以迂為直、以退為進的商場「詭道」

孫子兵法篇中提到「軍爭之難者，以迂為直，以患為利。意思是凡致勝條件中最困難的就是，如何化迂迴曲折之遠路為直線近路，如何化種種不利為有利。因此故意採取迂迴道路，利用小利引誘敵人。

在企業經營中，有時也可變通使用「詭道」。例如，企業為了擴大產品的銷量，往往給顧客免費贈送一些產品，讓顧客吃過或用過之後覺得滿意，達到經常購買的目的。應該說，這就是孫子兵法篇裡「利而誘之」的典型做法。

中國大陸娃哈哈食品集團在杭州兩家報紙上登出一小幅廣告，聲明凡持有此一剪報者即可免費贈送一小罐果汁牛奶。於是許多市民拿了當日剪報競相兌換，公司為此免費贈送出五十萬罐果汁牛奶。由於果汁牛奶風味佳，小孩喝了往往吵著還要再喝，進而帶動果汁牛奶銷量大增，最後娃哈哈集團當年營收呈倍數成長。

有一年，日本廣島市水道局打算將埋在市區地底的相關管線，繪製出一幅能用電腦控制的示意圖。水道局的預定價格為一千萬日元。當時共有八家公司參與競標。最後富士通公司以象徵性的1日元幾乎免費報價，採絕對優勢姿態，逼得其他公司紛紛退場。

富士通為什麼要這樣做？難道這家公司的腦袋有問題？原來日本政府早已發出通知，要求包括東京在內的十一個大城市，必需將鋪設在地下的管道繪製成電子圖，廣島不過是率先付諸實施的城市而已。富士通若能在廣島標案中勝出，便可在其餘十個城市的招標競爭中，大大增加獲勝籌碼。

更重要的是，日本政府最終計畫要根據此一電子圖設計來安裝及採購大量電腦。因此，富士通雖然捨棄一千萬日元的利潤，卻有機會換得背後隱藏的更龐大商機，這當然是一筆穩賺不賠的生意，何樂而不為？

人退我進、人棄我取

洛克菲勒的發跡源起於石油，不過當眾人都為耀眼眩目的「黑金」瘋狂不已的時候，唯獨他卻保持冷靜，只在一旁默默觀望與等待，一直到石油價格全面崩盤，方才好整以暇地從煉油廠切入，從而逐步鯨吞大好市場，進而躍身成為全球巨富。

華人首富李嘉誠說：「眼睛僅盯在自己小口袋的是小商人，眼光放在世界大市場的是大商人。同樣是商人，眼光不同，境界不同，結果也不同。」

李嘉誠又說：「當一門生意有八十％人都知道去做的時候，你千萬不要去加入；當一門生意只有二十％人知道去做的時候，你可以考慮去做，但需要更努力。當一門生意只有五％人知道的時候，你可以去做，並且很容易獲得成功，因為這就是時機，就看你如何把握。」

一九七八年，在多次石油危機和經濟蕭條聲中，李嘉誠運用人退我進、人棄我取的戰略，趁房市下滑，以長江實業名義低價買入老牌英資洋行——和記黃埔，成為商業併購史上的經典案例。那次收購奠定了他在香港房地產的不敗地位。

馳騁商業多年經商有成，人稱「李超人」的李嘉誠提出致富八大法則：

一、勤奮是安身立命的根本。
二、知識決定命運。
三、壯志凌雲地想，腳踏實地地做。
四、利從誠中來，益從譽中出。
五、廣結善緣，人和才能萬事興。
六、義利兼顧才能把事業做大。
七、進退有度，絕不走黑路。
八、求變才能圖新，成功沒有偶然，沒有血汗的灌溉，成功的果實無法長成。

李嘉誠說，精明的生意人可以將商機滲透到生活中的每一件事裡，甚至是一舉手一投足之間，都藏有做生意機會。而賺錢可以是無處不在、無時不在。

讀後感

松下幸之助的生意經

- 即使贈品只是一張紙，顧客也是高興的；如果沒有贈品，就贈送「笑容」。
- 要多周轉資金。一百元的資金周轉十次，就變成了一仟元。
- 不必憂慮資金的缺乏，該憂慮的是信用不足。
- 商品的好壞，比地點的好壞更重要。
- 即使只是浪費一張紙，也會使商品價格上漲。
- 商人沒有所謂景氣不景氣。無論情況如何，非賺錢不可。

小書籤

洛克菲勒：「美麗的玫瑰若要燦爛盛開，必須犧牲掉周圍的新芽。」

【卷四】

第四堂課：

靠力氣不如靠腦袋

「一個人的效率，合眾人之力集結而成。」

老虎雖然咆哮山林，卻看不到山鷹眼中的風景。

一個人的能力十分有限，要想站得更高，就必需學會善用資源，借力使力才能不費力！

用四肢只能賺小錢，用腦子才能賺大錢

亨利．彼得森經典名言：

「的確，勤勉是一個好習慣。但對猶太人而言，成功的關鍵並不在於比別人更勤奮，而是能夠對手上的資源做最有效地運用。」

個人小檔案：

出生於倫敦一個猶太人家庭。亨利．彼得森從十六歲起便在珠寶店當學徒，在師父卡辛的嚴格調教下，如今在美國「鑽石大王」亨利．彼得森的特色戒指公司首飾已成為上流社會仕女的首選。

在美國，「鑽石大王」亨利．彼得森和他的「特色戒指公司」可說無人不知、無人不曉。

對亨利．彼得森而言，人生也像一顆鑽石，雕琢的次數愈多、鑽石愈精美眩目，價值也愈高。

亨利出生於倫敦一個猶太人家庭。幼年時父親便撒手人世，家庭生活的重擔全部落在母親肩上。迫於生計的壓力，母親帶著他移居紐約謀生。當亨利十四歲時，母親也因過度勞累而病倒，迫使他不得不結束學業扛起沉重家計。

嚴師調教，石頭堆中找出路

十六歲時亨利前往紐約一家小有名氣的珠寶店當學徒。這家珠寶店的老闆猶太人卡辛，是紐約最好的珠寶工匠之一。但是他同時也是一個目中無人、言語刻薄的暴君，卡辛平日對待學徒十分嚴厲且喜怒無常，員工必需時時刻刻戰戰兢兢以避免觸怒老闆。

對於珠寶尤其是鑽石的生產而言，最艱苦、最難以掌握的基本功莫過於雕鑿石頭。亨利上班第一天，卡辛給他的任務就是練習鑿石頭。

依據卡辛的「教誨」，一塊拳頭般大小的石頭，必需用鐵錘和鐵斧打成十塊尺寸相同的小石塊，他規定工作未完成前不准吃飯。面對著堅硬的石頭，亨利往往稍不留神便鑿下一大塊而前功盡棄，常因此招來一頓怒斥。

但對於鑽石生產來說，學習雕琢石頭是非常重要的基本功。不過往往辛苦一天下來，儘管腰酸腿痛、四肢發軟，卻依然無法如期完成老闆交辦的任務。當學徒初期，亨利猶如一台麻木的機器，只能不停地運轉，整日揮汗如雨不斷和石頭「搏感情」。

日後功成名就的亨利．彼得森回憶起這段艱辛的學徒生涯，對嚴厲的卡辛卻充滿感激之情，因為如果沒有卡辛的苛刻要求，他絕對無法成為舉世聞名的「鑽石大王」；可以說，有昨日的卡辛才有今日的亨利．彼得森。

「卡辛的徒弟」贏得關注目光

後來，亨利決定自行開店，卻無力負擔紐約市貴得嚇人的昂貴租金。他找上了當初同在珠寶店認識的猶太技工詹姆，詹姆同意讓亨利在自己原本已狹窄不堪的店裡，再多加一張工作枱。每月只象徵性酌收十美元租金。

亨利的「小店」終於開張了，但是沒有生意上門。

苦等多天後，直到第二十三天，亨利才終於承攬到第一筆生意。

一個貴婦人有一只二克拉的鑽石戒指鬆動了，需要加強堅固。不過，她在拿出戒指前，鄭重地詢問亨利跟誰學的手藝，當得知面前這個首飾匠是卡辛的徒弟時，這才放心地把戒指交給了他。這對亨利而言是一個重大發現，想不到卡辛的名字在這些有錢人中有如此分量，聰明的他便借助卡辛的名氣招攬生意，從此也深深意識到聲譽的重要性。

打著「卡辛的徒弟」金字招牌，亨利的小店順利地踏出了第一步。他的生意逐漸變好，有很多人慕名來找「卡辛的徒弟」做加工首飾，原本艱困的生活慢慢獲得改善。

想賺錢，就走一條和別人不一樣的路

有一天上午，一個陌生人敲開了亨利的門，這人就是哈特．梅辛格，他是紐約最知名且精明的猶太首飾商人。當大名鼎鼎的梅辛格出現在亨利面前時，他簡直欣喜若狂卻又難以置信，深怕只是一場好夢！

但這並不是夢，梅辛格確實帶來好消息。原來梅辛格此次來找彼得森，是為他在紐約地區的銷售網找尋長期配合業者，而這也正是亨利夢寐以求的大好機會。梅辛格對他非常信任，授權可以完全按照自己的想法設計，並且按照自己的方式加工，不受任何條件約束，而且生產出來的首飾由梅辛格全部收購。這筆訂單不僅為亨利的聰明才智提供了絕佳良機，同時也為他帶來了巨大的財源。從此，不僅生意大為好轉；聲名鵲起的亨利，精湛的手藝也為他敲開了紐約上流社會的大門注，找他訂貨的人絡繹不絕。

不過，想在競爭者多如過江之鯽的紐約攻下一座灘頭堡，可不是件容易的事。

如果產品缺乏特色與創新，很快地就會遭到消費者唾棄。

亨利當然也深深明白這個道理。

有一天在店裡他突然想起自己大半生所做過的首飾不計其數，其中不乏價值昂貴的珍品，但都沒有給自己留下深刻的印象，偏偏是自己當初用僅僅十五美元價格為未婚妻做的戒指，永遠留在記憶深處。

他回想起當年自己僅僅以十五美元打造而成的戒指，送給妻子做為定情戒時，當時妻子所流露而出的興奮、喜悅眼神。亨利相信其他人同樣也會把結婚戒指，作為愛情的見證而倍加珍惜。而且只要人們的經濟條件許可，購買作為愛情信物的戒指出手會更大方，因此這是一個潛力巨大的市場。於是他決定和伙伴們成立一個專門生產訂婚、結婚戒指的「特色戒指公司」。

戒指公司的業務一炮打響，贏得了顧客的認可和讚譽，亨利在贏得了第一桶金後並沒有就此停步，仍然不斷地探索戒指生產的新技術、新方法，並且以獨特的鑲鑽技術而成為上流社會仕女們的首選，她們以擁有亨利的首飾為榮。

從小學徒到富甲一方的『鑽石大王』，亨利．彼得森固然付出比別人更多的努力，但那顯然還不夠。他說：「勤奮雖然重要，但卻不是讓生意成功的關鍵。

想想我們的猶太人祖先吧，雖然他們比我們要勤勞得多，但卻沒有創造出比現在更多的財富，這不正說明光靠勤奮和出賣苦力，並不足以變得富有嗎？正如猶太人常說的那句話：用四肢只能賺小錢，用腦子才能賺大錢。」

浮世語

在猶太家庭母親啟蒙小孩時都會問：「假如有一天你的房子被燒毀，你的財產被人搶光，那麼你將帶著什麼東西逃命？」

一般，小孩會直覺地想到錢或是鑽石、珠寶的答案，但是母親卻說：「孩子，你要帶走的不是錢，也不是鑽石，而是智慧。因為智慧是任何人都搶不走的，只要你活著，它就會跟著你。只有智慧能夠幫助你度過所有的難關，以及帶來幸福的生活。」

掌握華爾街背後的猶太商人

歷史上，猶太人歷經兩千年流離失所，上一世紀又遭納粹屠殺，是一個苦難的民族。但幾千年來，猶太人即使面對迫害與屈辱仍能力爭上游，關鍵在於懂得運用聰明才智，在夾縫中謀求生存之道。由於長期的顛沛流離生活，使得金錢成為他們唯一的依靠，造就了猶太人舉世聞名的理財能力，甚至掌控了美國華爾街。以下這些人，你一定經常聽到他們的大名，包括美國聯準會前主席葛林斯潘、金融巨鱷索羅斯以及著名的投資大師科斯托蘭尼等人，都擁有猶太血統。

為什麼猶太人這麼會賺錢？因為相較於其他避談「錢」的民族，賺錢對於猶太人而言，是一種美德，也被認為是一種天賦。猶太人雖然追求金錢，卻不為金錢所奴役，金錢之外仍然崇尚智慧。

一個猶太商人移民到澳洲，在墨爾本街上做起老本行生意，開了一家食品店，對街正好有一家義大利人開的食品店，兩家商店免不了相互競爭。義大利人首先沈不住氣，在店門口黑板上寫幾個大字：火腿、每磅只賣五角。對街猶太人看了立即回應，豎個牌子：一磅賣四角。義大利人看到趕緊降價：火腿、一磅三角五分錢。猶太人也跟著換招牌：一磅賣三角錢。義大利人忍無可忍，衝到猶太人店裡，說哪有這樣做生意的？這樣下去我們都會破產。猶太人說只有你才會破產，不是「我們」，我的店裡根本不賣火腿，連我也不知道一磅三角賣的是什麼東西？義大利人這才知道上當了。

觀察猶太商人致富的故事，很多都是從一無所有到富甲一方。他們勤奮賺錢，但不甘於只付出勞力，而是想辦法動腦筋，找出一般人意想不到的獲利方式。

目光放遠，捨近利求長久

二次世界大戰後成立的聯合國，準備選擇一個繁榮的都市，買下一片土地蓋總部大樓，卻面臨資金有限的窘迫；當猶太人後裔洛克菲勒家族知道這件事後，二話不說便買下紐約市的一塊精華土地，無條件送給聯合國。

表面上，洛克菲勒家族在這樁交易中得不到任何好處。實際上，他們早就同時買下周邊的土地；等到聯合國大樓落成後，四周的土地價格自然隨之竄升，這時所獲得的利益，早就遠遠超越當初所贈予土地的價值。洛克菲勒不像一般人，只看到眼前的機會，而是把目光放遠，爭取機會背後的更大利益。

美國有一年翻修自由女神像，留下大批廢料，遲遲找不到人幫忙清運。有一位猶太人，卻把這項麻煩任務承包下來，同業都在等著看笑話。沒想到，當猶太人把這批廢料分類之後，將廢銅熔製成自由女神像小模型和紀念鑰匙販售；而廢木料則加工做成模型底座、至於灰塵則賣給花店，一轉手便賺進數十倍的獲利。

抓住機會，把自己的能量放到最大化

十九世紀，在美國加州出現淘金熱。一位猶太人帶了一大卷斜紋布，想賣給做帳蓬的人。可是人們早就不需要帳蓬，而需要耐穿的褲子。因為淘金者整天和混泥土打交道，褲子破得很快。

這名猶太人腦筋動得特別快，於是他把自己帶來的斜紋布，全都製成了耐穿的褲子。然後又在褲子的口袋旁裝上銅扣子，以增強褲子的強度。

這就是用斜紋布所做出來的第一條牛仔褲。原本滯銷的斜紋布，透過巧思，轉手間做成方便又好穿的褲子，為這名猶太商人賺進巨大的財富。

不怕失敗，才有機會成功攻頂

機會常常到來，有的人抓住機會，採取行動。有的注意到了機會，但卻錯過。

你、我，還有很多人都曾錯過了很多機會。

機會常以靈光一現的形像出現，伴隨而來的常是不可思議、不可行或是隱含著不可知的風險，它往往與我們習以為常的想法不符。

「捍衛戰士」影片的編劇起先把這故事提供給美國空軍，但空軍部長覺得這個故事不好，拒絕支援拍攝，於是他又去見海軍部長李曼。李曼覺得這故事好得不得了。立即支援F-14戰鬥機、航空母艦拍攝。結果那幾年美國海軍招生辦事處忙得不可開交。好多年輕人看了這部電影後要加入海軍。

同樣的東西，有的人視為瑰寶，有的人卻棄之於地。

或許，你也正在想：如何才能讓自己的生涯更上一層樓，卻一直苦無機會？儘管一心一意努力在工作上做到最好，但是機會總是與你擦身而過？就算好不容易等到機會來臨，卻又猶豫再三，下不了決心？其實機會永遠都有，關鍵在於你有沒有智慧去發掘？有沒有膽識勇於嘗試？當外在環境變成無規則的競爭世界，當改變成為唯一不變的原則時，誰能看準商機，用力敲開機會的大門，誰才是真正贏家。

面對機會，你會心喜，但偶爾也會恐懼，怕抓錯、怕錯過。這是人的天性，不過沒關係，膽量可以被訓練，恐懼可以被管理。

人的能力和性格都有一定的極限，但也因此限制了你承受風險、接受新機會的可能性。好比運動選手，只有能挑戰自己體力極限者，才能持續刷新世界紀錄。職場也是一樣，很多時候你也不知道自己原來有這麼大的潛力。

當你下次面對新的挑戰與考驗時，不如抱著姑且一試的心態，若果真做到了，那麼可以期待未來將有更多更重要的機會落到你手上。即使最後你沒做到，也沒什麼損失，因為這工作有一定的難度，失敗的結果早就在預料之中。

據統計，在所有恐懼情緒中，排名第一的正是害怕失敗。想要克服這層恐懼，首先你得問自己：怎樣才算失敗？什麼情況又可以算成功？不妨調整心態，保持彈性，才能為自己爭取更多的機會。

機會雖然不完全均等，但卻常保開放。值得慶幸的是它會一而再，再而三的到來。選擇抱怨，或是緊緊抓住機會，要看我們自己。或許，當你願意勇敢迎向它、擁抱它，你將比別人更有機會可以成功攻頂。

商場上掌握資訊，就是掌握金錢

在商場上，掌握資訊就是掌握金錢！

如今我們身處的環境令人目眩神迷：書、雜誌、報紙、廣告看板、電話、電視、電玩、電子郵件、簡訊、即時通訊、網站、部落格、維基百科……。這些資訊來源管道千奇百怪，高度膨脹的訊息雖然有時候讓人喘不過氣來，但如果運用得當，也能成為賺錢獲利的最佳工具。

有一天早上，肉品公司的老闆菲力普看到報上一則小報導：墨西哥被懷疑有瘟疫。他馬上派人去墨西哥實地調查，證實了這個消息。

他想：瘟疫一定會快很快就傳到加州、德州這些北美供應肉類的基地。

於是他立即集中大量資金收購加州和德州的牛和豬，並且立刻將牲畜運到離加州和德州較遠的東部飼養。兩三個星期後，瘟疫果然蔓延到加州和德州。美國政府下令嚴禁從這幾個州外運送肉品。

這時菲力普從「別州」進口的肉品，讓他一口氣賺進大把鈔票。幕後最大的功臣，卻僅僅是一則看起來絲毫不起眼的資訊。

寒冬裡賣冷飲──主動創造商機

約翰在一家馬戲團打工叫賣零食飲料，但天氣寒冷，買東西的人很少，買飲料的更少。

他腦筋一轉，大聲喊：買一張票，送一包好吃的花生。大家紛紛圍過來享受免費的花生。這些花生比平常的好吃，不過吃多了會口渴，原來這些花生被撒上了一些鹽。但由於它是免費的，所以大家就拼命吃，當感覺口渴後，人們就開始找飲料解渴。

這時，約翰乘機推銷他的飲料，結果這天所賣出去的飲料，是他過去一個月的銷售量。

凡事退後多看幾步，就能發現機會，創造商機。

一個OPEN小將打造出十億商機

做生意只要願意多動動腦，即使是微不足道的小創意都可以創造出巨大錢景。一個小公仔能有多大魔力？卻能打造出週邊效益達十億元的商機？別懷疑，這項傲人的業績，也許你、我都曾做出貢獻。

數年前，統一超商的整合行銷部催生一個名叫「Open小將」的公仔，初期統一將Open 小將設定為狗的原因，是由於7-11 向來以「友善親切、方便的好鄰居」為訴求，而狗給人的印象就是守望相助與親切。

推出Open小將後，這隻有著圓圓眼睛、以及頭頂著彩虹的「外星狗」，用童真無邪的療癒形象，在極短時間內迅速席捲全台大人與小孩的心。

當年度統一Open小將的相關周邊產品就創下十億業績，相當於一千五百萬個國民便當的銷售力。

商機往往存在於多數人想不到的地方，在分秒必爭的商場上，努力勤奮是必然條件。然而，與其靠力氣不如靠腦袋，這才是真正的決勝點。

猶太經典《塔木德》，傳授十大致富箴言

1. 殘害人們的東西有三樣：煩惱、爭吵、空錢包，其中空錢包害人最甚。

2. 讚美富有的人，不是讚美人，而是讚美錢。

3. 沒有能力買鞋子時，可以借別人的，這樣比赤腳走得快。

4. 當機會來臨時，不敢冒險的人永遠是平庸之輩。

5. 凡事自己不去思考和判斷，等於把自己的腦袋交給別人。

6. 我們無法左右命運，但也不要被命運所左右。

7. 如果一個人搞不清楚自己的帳簿，他的帳簿就會找他麻煩。

8. 暫時捨棄一些利益，是為了獲取更多的利益。

9. 薄利多銷就是往自己的脖子套枷鎖，厚利才能永盛不衰。

10. 今天就是最後一天，永遠不要等明天。因為，沒有人知道明天會是什麼樣子。

做生意，如何把有限資源最大化

- 冷靜、避免躁進，減少犯錯與失誤。
- 專注，絕不三心二意。
- 把自己擺在對的位置上。
- 從自己最了解的地方著手。
- 做自己最擅長的事。
- 勇於認錯、勇於調整自己。
- 發現走錯路時，絕不戀棧。
- 他山之石可以攻錯。

小書籤

在精明的猶太人心目中，成功商人不見得要揮汗如雨，而是要懂得仔細謀畫，善用他人力量，才是聰明的賺錢方法。

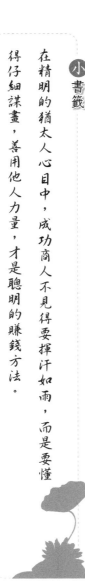

【卷五】

第五堂課：

強烈動機、永不滿足

巴爾札克說：「欲望是支配生命的力量和動機，是幻想的刺激劑，是行動的意義。」

經常練習說出「如果可以，我希望……」或「我期望我可以……」這樣的祈願句。你會驚訝地發現，只要我們敢說出口的心願，通常就會在下次的計畫執行中，不知不覺地實現。

欲望——距離成功最近的地方

村上隆經典名言：

「我要金錢的力量、我也要世界級的影響力。這兩個欲望緊密相連，因為當經濟無法自立，你就會變成一顆棋子！」

個人小檔案：

日本當代知名藝術大師，他經營的藝術創作公司在二〇一一年營業額高達三億美元；他的作品《727》以超過一億日圓高價賣出，這使他成為日本作品拍賣價格最高的現代藝術家。

更重要的是，他打破日本藝術界不與金錢「掛鉤」的價值觀。

十九歲以前，他是個計程車司機的小孩，家裡連三餐都吃不飽，功課又不好卻一心一意只想畫畫，父母親無奈地對他說：「你去學畫也好，將來可以做油漆看板。」

當年這個讓父母感到頭痛不已的小孩，現在《紐約時報》報導他的成功故事，他所經營的藝術創作公司，年營業額高達新台幣一百億元。他的作品「727」，以超過新台幣三千七百萬元高價賣出，這也讓他成為日本作品拍賣價格最高的現代藝術家。

他的名字叫做村上隆。如果你還是不認識他，那麼也許你記得二〇〇五年國際知名品牌LV推出大賣的櫻桃包，包包上一顆顆鮮豔的櫻桃，就是出自他的手筆，村上隆就是那位赫赫有名的「設計櫻桃包圖案」的人。

如今在國際畫壇上，村上隆富享盛名，他的作品動輒在國際市場被拍賣出五十萬、甚至百萬美元的作品，例如一幅「Miss KO2」便在美國以五十萬美元的高價賣出。但在日本國內，藝壇界卻不喜歡他，批評他模糊藝術創作與商業的界限、胡亂拼湊日本漫畫作品，只是一味地將自己的荷包賺得飽飽的。

村上隆絲毫不在意這些批評聲浪，他氣定神閒地說：「我就是要金錢的力量！

要金錢帶來的創作自由，以及生前就獲得藝術家死後才會獲得的名聲。」村上隆毫不美化、掩飾自己的成就動機：「找到欲望的方向，向前奔跑！」

欲望，就是他的成功之道。

想求好，錢永遠不夠用

村上隆從小就喜歡畫畫，高中畢業那年，因為覺得自己除了畫畫之外，什麼都不會，最後補習兩年才考上東京藝術大學。當時能夠去學藝術的，多半是家裡有錢的孩子，很少有人像村上隆那樣，家裡窮得連飯都吃不飽還要學畫畫。

偏偏年少氣盛的村上隆，心中有一股不服輸的鬥志，強烈想要出人頭地的欲望，驅使著他每天拿著畫筆的時間高達十五個小時以上。不過拼命作畫，卻意味著需要更多錢買顏料，他曾把好不容易獲得的一筆三百萬日圓獎學金，一口氣全部用來買畫作材料。

但是，越想求好，錢卻越不夠用，金錢數字成為他最大的煩惱。

對村上隆來說，每一分錢都很重要、每一分錢都要精心算計。經常只要花錢買了作畫材料後，口袋裡就空空如也，連吃飯的錢都沒有。

因為沒有錢，村上隆只得想盡辦法打工，爭取每一個可以賺錢溫飽的的工作機會。終於有一次機會，他申請到亞洲文化協會獎學金，可以前往美國紐約市進修一年。

一九九四年村上隆啟程，來到紐約這個世界現代藝術中心；不過迎接他的卻不是想像中的美好天堂，「美國人對於日本的藝術，可以說是一無所知。」殘酷的現實，讓村上隆原本充滿期待的心情，一下子宛如跌進一個大迷宮，完全迷失了方向。

要存活，就要成爲胖老鼠

這種每天如行屍走肉般的日子過了好長一段時間，終於命運之神讓村上隆有了更深的醒悟。

那天，村上隆茫然走進紐約雜亂骯髒、到處是垃圾的地鐵站，無意中他抬起頭，看見地鐵站裡擠著一群老鼠，一隻大老鼠毫不留情地踢開小老鼠、立刻搶走原本屬於牠的食物。村上隆受到很大的驚嚇與衝擊，不只因為髒亂、老鼠搶食的畫面也讓人不忍卒睹。

更重要的是，他突然從那幅景象中頓悟：這是一個現實的世界，要想存活，在美國只有成為胖老鼠一途！

為了成為胖老鼠，他開始用心研究如何在歐美的藝術界可以出頭；同時將所有的精力，都花在如何擺脫貧窮，才能讓自己站上舞臺被大家看見。

村上隆發現在西方的美術世界裡，上流社會常以購買藝術品，來作為最佳文化化妝師。針對此種炫耀式的心理，他找到了心目中重要的潛在客層——「這些有錢人就是做生意的絕佳對象」。村上隆體認出所謂一流的作品，就是能被很多人接受的作品。

欲望，能主宰行動影響命運

村上隆開始認真搭建自己的作品與歐美藝術市場之間溝通橋樑。一年結束後回到日本，他在鄉下找到一塊地方，蓋了一個簡陋的鐵皮屋做為工作室。除此之外，村上隆開始有計畫性地以市場能夠接受的主題，將日本禦宅族喜歡的漫畫型態，以及帶著反諷精神的雕刻與繪畫，帶到歐美。

「卡通日本」恰恰符合了外國人心中的想像，他的名氣在國外漸漸開展。

頓悟後的村上隆，加速自己的畫作和大眾市場之間連結的腳步，不過初期仍然入不敷出。他的作品不少都變成「庫存」，過著有一餐沒一餐的生活，最窮的時候，只好情商自己的徒弟去超商向店員要求，帶回過期的便當果腹。

雖然日子過得捉襟見肘，但村上隆心中強烈的欲望依舊烈火熊熊。他經常處於一天工作至少十五個小時的瘋狂狀能。

隨著不斷地參展以及舉辦展覽，村上隆的作品終於受到「有錢人」的注意，並享有「現代普普藝術新接班人」的美譽。二〇〇三年，村上隆的作品「Miss

KO2」在美國拍賣出五十萬美元（約合新台幣一千六百萬元）的高價，創下當時日本現代藝術作品的歷史新高紀錄。後來他為LV創作出的彩色圖案皮具，更順勢將其個人藝術事業推至高峰。

要生存，不論從財富到地位都要爭取

而當年窘困的鐵皮屋，如今已成為日本知名的藝術殿堂。這位一口氣打破日本藝術界向來不與「金錢掛鉤」價值觀的國際級藝術家，最常被質疑的身份就是：到底是畫家還是商人？

對村上隆來說，他曾多次坦言：「要生存，不論從財富到地位都要爭取，都不可放棄。」

分析成功人物，往往「成就動機」是最常被提及的原因。其實在動機背後隱藏的重大驅動力就是「欲望」。欲望不只一種，但欲望的力量之強，卻能主宰人們行動，影響每個人的命運。

從計程車之子到身價不菲的國際級藝術大師，驅使村上隆甩開貧窮站上國際舞台的真正原因，在於誠實面對欲望，並且化欲望成為正面力量；接著打破陳規，讓自己獲取旁人難以企及的輝煌耀眼成就。

這，正是村上隆欲望成功的關鍵。

浮世語

每個人都有欲望，它具有無比強大的能量。固然貪婪讓很多人犯罪，但若能將其轉換成正面能量，欲望卻有如一張強有力的翅膀，能夠帶著人們勇於打破規則追求成功。

過去研究調查成功人物，多半只談成功的動機，很少人更深一層去探討，隱含在動機背後的強大欲望。欲望的力量並沒有對錯，它能成為驅動一個人成功的重大推力，因為強烈的欲望往往讓人不會感覺疲倦，並且充滿能量。

很多經驗與實例告訴我們，欲望讓人充滿鬥志，一心脫貧求生存的強大能量造就出很多企業富豪，從原本的泥沼中拔地而起。

欲望能量，驅動窮小子從泥沼中拔地而起

現代拉斯維加斯創辦人韋恩（Steve Wynn）並非出身貧窮，但在他二十二歲大學四年級時，父親驟逝，留下十萬美元債務，和一家每週都在賠錢的賓果遊樂場。

年紀輕輕的韋恩該怎麼辦？是否考慮過直接宣佈破產，或是不理會父親積欠的債務？如今功成名就的他回憶起這段不堪過往，深深吸了一口氣說：「父親臨終那晚，要我記下他要交代的事：『一切都會好起來的。要是有什麼萬一，我欠你法蘭克叔叔一萬五千美元，還欠誰誰誰一萬美元。把錢還給他們，這件事要記下來。』」

當時韋恩只在靜靜坐在父親的身邊，默默地寫下他的吩咐。

第二天，醫生宣佈無法讓父親的心臟繼續跳動。那年，韋恩剛滿二十二歲。還有個十歲的弟弟，他們家破產了，那是最慘的事。

不過他記住了父親臨終的遺言，並且決定忠實地遵照他的指示。「我的父親一直是個言出必行的人，我從沒想過不做。」往後，韋恩一肩扛起還債與家計重責大任。

接著在數年間，韋恩拼命工作、努力還債。對於這位信守承諾的年青人，老天爺給予最佳的回報是，由於他的堅持和正直取信於銀行，最後決定貸款給他，這筆重要的及時雨，讓韋恩能夠在拉斯維加斯開展事業。

今天，韋恩所擁有的財富，讓他今天名列《富比世》全球富豪榜第六一六名。

法拉利汽車之路走了二十年

出生於義大利北部的恩佐．法拉利，來自於一個小鈑金工廠主的家庭。他的父親是一個瘋狂的賽車迷，而這也深深影響了法拉利，十三歲那年在韋恩苦苦要求下，終於說服父親，允許他單獨駕駛汽車。從此，與汽車結下不解之緣。

如果沒有太多的意外，小法拉利的人生似乎順理成章地從此和汽車畫上等號。不過，命運之神一度悄悄地關起了這扇門。往後隨著父親因病去逝、戰爭又奪去其兄長的性命，當第一次世界大戰結束，剛退伍回到家中的法拉利卻再度面臨人生又一次的重創——父親曾經苦心經營的家庭作坊式鋼鐵廠關門停產，家庭經濟面臨斷炊，而從小法拉利夢寐以求成為汽車製造廠員工的願望，卻因飛亞特汽車製造公司的冷酷拒絕，而化為泡影。

面對生涯的重大轉彎，對賽車的強烈欲望，驅使法拉利決定繼續走自己一心想走的道路。二十二歲那年，法拉利在一次賽車比賽中奪得亞軍，並得到了阿爾法．羅密歐汽車製造公司老闆的垂青，成為一名「拿生命開玩笑」的試車員。

恩佐．法拉利無怨無悔地埋首於自己所鍾愛的工作中。直到三十九歲時，他已先後參加了三十九場大賽，獲得了十一場冠軍。為愛爾法．羅密歐汽車製造公司榮登世界跑車界的第一把交椅，立下汗馬功勞。

直到第二次世界大戰後，四十八歲的恩佐．法拉利終於等到了自己揚眉吐氣的這一天。他在自己的家鄉義大利創辦了法拉利汽車製造公司。

從小鈑金工廠之子到成為汽車公司老闆，這段漫長的道路，法拉利走了長達二十年之久。期間歷經家變與別人的否認、不信任等諸多考驗，支持他一路堅持跑向終點的是對汽車的瘋狂熱愛與野心。

人生高度十%由外在境遇、九十%由自我努力決定

開發美國購物中心和凱薩宮購物中心的不動產開發鉅子賽門，在紐約布朗克斯區的狹小三房公寓長大，童年時極為貧窮，一直睡在父母房裡的小床上，直到青少年時期。

賽門說：「我們向來沒什麼錢，母親總是擔心錢的問題，每晚臨睡前常憂心第二天醒來時，家裡又沒錢了。」他年輕時最大的恐懼是「早上獨自在飯店房間醒來，只穿著一件內衣。沒有客房服務、又沒有錢。」

為了脫貧，賽門不惜付出比別人加倍的努力，卻依舊甘之如飴，因為他總想著，只要走過這段黑暗之路，美好的果實就會在前方靜靜等待。功成名就後，賽門曾名列《富比世》雜誌美國富豪榜第三一七名。命運之神給他的報償是，從此再也不必擔心只穿著一件內衣，獨自在飯店中醒來卻身無分文。

橄欖球傳奇教練霍茲在一個只有一房的地下室公寓長大，家裡沒有冰箱、從來沒

有汽車，更不曾全家度假，記憶中每到任何地方都用跑的。他說，父母沒受過什麼教育，自己當然也沒辦法上學，但是家庭環境的窮困，卻未能減損霍茲對籃球的熱愛。

霍茲說：我又瘦又小，可以說打球該有的條件都不存在，但是我擁有很強的企圖心想要出人頭地，我常想只要有人對我感興趣，那就夠了。」

逆境中，霍茲依舊懷抱希望，堅信「上帝讓我們來到這個世界，並非只要我們當平凡人，你的人生高度，是由十%的外在境遇，加上九十%的自我努力所決定。還有，我成長的過程並不艱辛。我從不覺得自己窮，也沒有抱怨，從來沒有。別忘了，別人並不在乎你的問題，甚至會因為你有問題而感到高興。」

在強烈的企圖心驅使下，霍茲成為知名的橄欖球傳奇教練，在他他生涯十四個球季裡入選明星隊十四次，這項傲人成績也讓他得以進入了名人堂。

永不滿足之心，驅動生命發熱發光

拿破崙有一句名言「不想當將軍的士兵就不是好士兵」。

成吉思汗帶著蒙古部族四海征戰，建立起橫跨歐亞的大帝國，人們問他不停打仗的理由，他說：「再也沒有比砍下敵人的首級，更能夠滿足我了。」年幼時由於親眼目睹父親遭其他部族的掠奪而身亡，成吉思汗最初的欲望就是復仇，但這個令人驚悚的欲望，卻成為他日後帝國霸業的起點。

很多功成名就的人，分析其共同的特徵常是「永不滿足」，內心都有非得到不可的東西。欲望有時候是生命火焰的指示燈，火焰越強、生命力越旺盛。

三十五歲的拜倫&七十五歲的歌德

但，如果人們失去欲望又將如何？

一八二三年，大詩人拜倫對凡事都不感興趣，他的生活變得沈寂、無聊。於是，他準備把自己的生命獻給戰爭。那年夏天，他跟著軍隊朝希臘進發，行軍途中，他寫信給詩人歌德，訴說自己內心的苦惱。

這時，拜倫才三十五歲、風華正茂；而歌德已七十五歲高齡了。一個年輕的生命沒有生活目標，沒有情人、不想結婚、更不敢談戀愛，只能將生活寄託於一場戰爭。而另一個垂垂老矣的生命，卻正準備向一個年輕的女人求婚，他的情欲像一個年輕小伙子一樣旺盛。

歌德在拜倫的鼓勵下向那名只有十九歲的姑娘求婚，他對這場有著遙遠年齡差距的愛情充滿萬丈激情。

事後得知的拜倫在異國他鄉更加憂傷，他說自己是年輕的老人，而歌德則是年老的年輕人。

一年後，心如止水的拜倫在戰爭中病死。臨死前他對醫生說：「我對生活早就煩透了，我來希臘，就是為了結束我所厭倦的生活，你們對我的挽救是徒勞的，請走開吧！」

而高齡的歌德則還在那個青春靚麗的女子溫情中，熱情奔放地享受著生活，他的詩作一篇比一篇華麗而又充滿萬丈激情。

讓人迷失自己的有時是欲望，有時又是沒有欲望。

齊白石的熱情，造就創作生命力

八旬高齡的國畫大師齊白石在新鳳霞造訪時，眼睛緊盯著這位美麗的女子久久不忍離去，連旁人都覺得太突兀。

別人提醒他不能這樣看一個女人，齊老說：「她美啊！」

八旬的老人依舊散發情感熱力，真是不可思議，但又值得慶幸，為他的生命和藝術！

如何將欲望轉化成行動力

- 欲望要「動」起來，不要「凍」起來。
- 可以海闊天空地想，但要踏實去做。
- 目標明確，勇敢向前。
- 改變心態，從「無法做到」調整成為「一定做到」。
- 面對困難，不要逃避。

小書籤

人生的苦悶有二，一是欲望沒有被滿足，二是它得到了滿足。一份想做「什麼人」或是「什麼事」的強烈欲望，便是夢想飛翔的起點。漠不關心、怠惰或缺乏雄心壯志的人，根本無法產生任何動力。

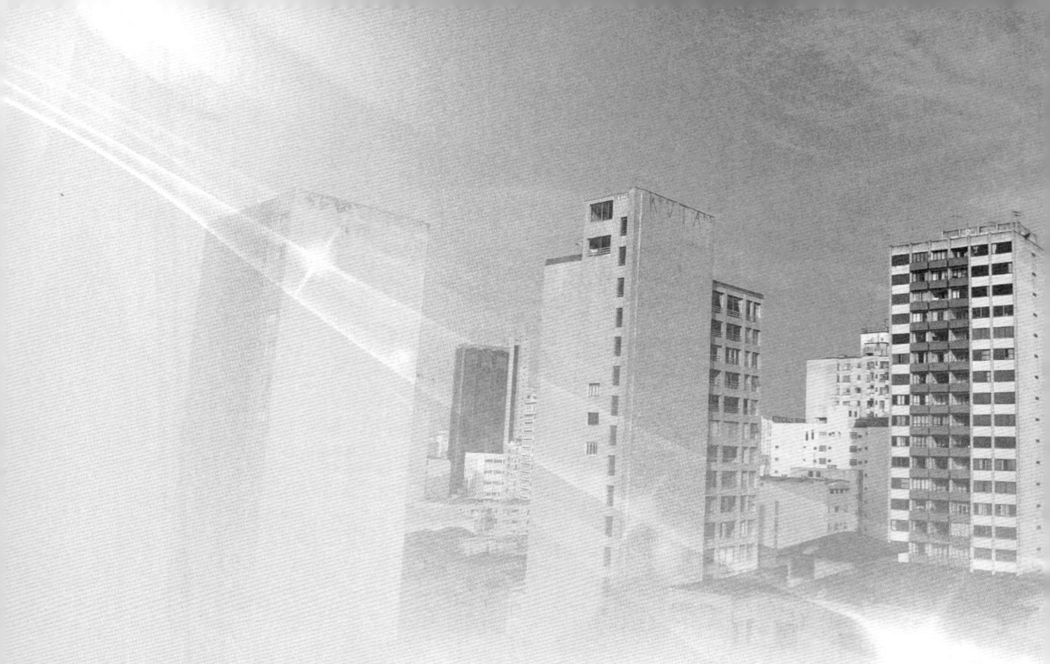

【卷六】

第六堂課：

與其等待機會，不如主動出擊

世界宛如是一面鏡子。你皺眉看它，它也皺眉看你；你笑著對它，它也笑著對你。

人生的際遇就像天氣一樣變化莫測，我們改變不了命運，最好能學會創造機運。

—只有當你願意盡全力時，機會才會找上門—

安德魯．卡內基經典名言：

「無論你身處哪一行，都不要因為自己的職位低微卑賤，抑或是身居高位而放棄追求前進。人生路上你能不能沿著梯子一步一步往上爬，關鍵在於是否全心全意，尋找機會出人頭地。」

個人小檔案：

安德魯．卡內基與洛克菲勒、摩根並立，是當時美國商界的三大巨頭之一。從一文不名的移民到堪稱美國首富的「鋼鐵大王」，於功成名就後，卡內基幾乎將全部的財產捐獻出來，因此成為美國人心目中的慈善楷模。

從移民之子、鍋爐旁工作的小童工到舉世知名的鋼鐵大王，安德魯．卡內基牢牢掌握住生命中，每次靈光乍現的契機而一手改變自己的命運。

出生於英國蘇格蘭的卡內基，父親是一名紡織工人，母親則以縫補鞋做為副業。雖然家境並不寬裕，但是日子還算過得去。

當卡內基八歲時，英國工業革命的巨浪襲捲了蘇格蘭，再加上發生經濟大蕭條，使得原本生活已困窘不已的家庭更加捉襟見肘，最後，卡內基一家勉強湊足了旅費，啟程移民美國。卡內基的父母為了養家活口，再度做起原先在蘇格蘭的本行，每周只賺五美元，日子過得相當清苦。

當你開始努力，機會就會來敲門

為了幫助家計，卡內基白天受雇於一家工廠，到了晚上則到夜校讀書。每天待在陰暗狹窄的鍋爐房裡拼命工作，週薪只有一美元二角。有一天，雇主忽然問卡內基：「你會寫字嗎？」於是，卡內基立刻提起筆來寫字。接著雇主又問：「管帳的人辭職了，你願不願意幫我記帳？」卡內基一直想離開鍋爐房的工作崗位，一聽到有這個機會，馬上興奮地說：「當然願意，讓我試試看。」

沒想到平日無心的學習，卻能讓他從此擺脫在鍋爐旁工作的煎熬。不過，卡內基並未因此自滿，仍然每天晚上都去夜校學習複式簿記，以加強自己的財務專業知識。

有一天從姨父那裡得知匹茲堡市的電報公司，需要一名送電報的信差。他立刻爭取這個好不容易的工作機會，由父親陪同，啟程前往匹茲堡。

面試的時候，卡內基要求父親讓他單獨前往。主考官大衛靜靜地打量這位個子小小的青澀少年，問道：「匹茲堡市區的街道，你熟悉嗎？」

卡內基語氣堅定地回答：「不熟，但我保證在一個星期內熟悉匹茲堡的全部街道。」他頓了頓又補充道：「我個子雖小，但比別人跑得快，這一點請您放心。」他如願獲得了這份工作。這時，他年僅十四歲。

短短一星期內，身著綠色制服的卡內基實現面試時許下的諾言，熟悉了匹茲堡的大街小巷。兩星期之後，他連郊區路徑也瞭若指掌。他個頭小、但腿很勤，很快地在公司上下獲得一致好評。

卡內基每天都提早一小時到達公司，打掃完房間後，就悄悄跑到電報房學習打電報。他非常珍惜這個秘密學習機會，日復一日地努力不懈。

貴人上門，爬上人生階梯的第一步

不久，幸運之神再度眷顧卡內基。

一天，還沒到上班時間，電報公司忽然進來一名客人，正在掃地的卡內基放下手中的掃帚，出來接待這位貴賓——賓州鐵路公司的斯考特局長。他對卡內基說道：「這是急件，能不能立刻幫我拍發這十五封電報？」這時，卡內基平日偷師學習的電報拍發技巧立刻派上用場，他迅速地幫斯考特完成任務。

卡內基的勤奮與絕佳效率，讓斯考特留下極佳印象。後來，斯考特來電報公司發報，總特別指明：「請安德魯拍發！」日後他也成為一路提攜卡內基的重要貴人。

多年後，卡內基在回顧這段前塵往事時，總稱之為「爬上人生階梯的第一步」。

不久，在斯考特引薦下，卡內基應聘到鐵路公司擔任電報員兼秘書，當時已十八歲的卡內基，懷著強烈的企圖心，探索這個更為開闊的新世界。

在賓夕法尼亞鐵路公司的十餘年間，卡內基憑著自己的勤奮和機靈，二十四歲就升任該公司西部管區主任，並逐步掌握了如何經營企業的管理技巧。與此同時，卡內基也在斯考特的指導下，開始涉足股票投資，慢慢積累了不少本錢，成為日後創業的重要資本。

當卡內基二十九歲時，美國的南北戰爭打得如火如荼。從另一個角度來看，破壞力強的戰爭也提供了絕佳商機。卡內基發現鐵路是耗費鋼鐵最多的地方，於是當機立斷辭職，並且購買新專利正式成立煉鋼廠。往後，以不到三十年的時間，卡內基趁勢崛起，一步步打造出世界上最大的鋼鐵公司，擁有員工超過兩萬人，每年的年產量超過英國全國的鋼鐵產量。

卡內基說，無論你身處哪一行，都不要因為自己的職位低微卑賤，抑或是身居高位而放棄追求前進。人生路上你能不能沿著梯子一步一步往上爬，關鍵在於是否全心全意，尋找機會出人頭地。

浮世語

很多人經常抱怨自己生不逢時、運氣不好，好機會總是輪不到自己。其實，與其一味等待機會降臨，不如主動創造機會；再從另一個角度來看，機會往往留給準備好的人。縱觀卡內基的成功之道，固然幸運之神曾多次眷顧，然而造就其龐大鋼鐵帝國的真正關鍵，在於卡內基既能抓住機遇，又善於付諸實行。

積極的人在每一次困難中都看到一個機會，而消極的人則在每個機會裡都看到困難。

一次不愉快的旅行，卻催生出一家國際級的假日連鎖酒店？一手打造這個傳奇故事的是一名出生美國南方的窮小子——凱蒙斯．威爾遜，正如他的好友所說：「他到了哪裡，哪裡就會有新發現。」

人生中，強者創造機會、弱者等待機會

當威爾遜剛出生後不久，父親便因病去逝，此後便由母親獨力撫養。以一個年方十八歲的寡婦幾乎身無分文，又帶著一名嬰兒，母子處境艱難可想而知。因此，威爾遜從十七歲起便開始外出工作幫忙家計。

年輕的威爾遜非常喜歡看電影，但又沒錢買票，於是不得不動腦筋想辦法。有一天，他靈機一動：發現鎮上的電影院沒有販售點心，威爾遜覺得這是個絕佳機會，可用來為自己開闢一個新市場。於是，他去找劇院經理協商，最後同意可以在劇院門前擺放一台爆玉米花機。

威爾遜以分期付款方式，花五十美元購買一台爆玉米花機。如此一來，他不但能看免費看電影，每週還能淨賺五十美元。當然，這也是他的「首度小創業」。

有一年夏天威爾遜全家在經歷了一次令人沮喪的度假後，卻發現了一個大的商機：何不乾脆開家旅館呢？他想：如果能夠開設一家擁有最佳服務的國際型大酒店，

一定能夠大受歡迎。

於是，威爾遜抓住了人生中的最大的機遇，創辦出世界上最大的連鎖旅館——假日酒店公司。他在合夥人華萊士的幫助下，一家家設計新穎的休閒旅店在全球各大城市拔地而起。一直到威爾遜退休為止，假日酒店的總數高達一七五九家，分佈在全美國五十州和全世界五十個國家。如今假日酒店已發展成為世界上分佈最廣、規模最大的連鎖休閒旅店。

不願屈從命運安排，屢次選擇主動出擊的威爾遜，曾在一次訪談中，對於陪伴自己一生的「幸運之神——機遇」做了如下的註解：

1. 工作是一把關鍵的鑰匙，它可以打開一切機遇的大門。
2. 想要登上橡樹之頂有兩種辦法：一是坐在橡樹下等待機會；二是爬上去。
3. 不要害怕抓住機遇。記住：一隻壞錶的指針所指的時間在每二十四小時內，至少有兩次是準確的。

4. 在估計一項事業的前景時，首先要考慮如何利用機遇，然後再考慮是否穩妥可靠。

5. 對於機遇，只要你學會經常用耳去聽、用眼去看、用手去摸、用腦去想，你就能感覺到它們來敲你的門。

6. 做事千萬不要拖拖拉拉，否則只要拖兩天，明天就將成為昨天。

有準備，就不怕沒機會

常聽人們抱怨這是個不公平的世界，因為機會常去找運氣好的人，但其實運氣會去找那些準備好的人。

世界上沒有真正的失敗，只有暫時的不成功，失敗的背後潛藏著成功，危機的背後往往是機會。上天關了一扇門，必定會打開另一扇窗戶，當人生陷入谷底時，要轉個念頭告訴自己，機會很快就會到來；只要我們改變心態，便會發現人生處處有無限的希望和機會；只要盡全力，一定能做得更好。

我們常覺得自己非常努力和付出，但得到的掌聲卻很少，很多人的問題就是不了解自己。如果一個人的自我評價和別人對他的評價有很大的落差，這個人就不容易成功。

認清自己不是天才，才會彎腰學習更多專長，使自己的附加價值達到最高，培養多方面的專長，才能迎接各種機會。

十年的努力，以三十六分鐘證明自己

「機會是留給準備好的人」，這句話套在林書豪身上，可以說是最佳的詮釋。

二〇一〇年是林書豪的菜鳥年，對剛加入ＮＢＡ的林書豪來說，一切都好新鮮。他形容自己心情：「我每天起床都在想，哇！我進ＮＢＡ。」在ＮＢＡ要能生存並不容易，特別是一個剛進職業籃球的菜鳥，球季前的訓練營，連續六天早晚各一次，所需要的付出體力很多，林書豪得透過這個訓練營，努力讓教練對他留下好印象，爭取上場機會。

不過，當林書豪第一次以ＮＢＡ球員身份參加正式比賽時，沒有被登錄的他，卻只能穿著西裝現身球場，神情難掩落寞。

雖然沒機會上場，但林書豪知道自己必須更努力，才有機會在場上證明自己的價值，就算只是坐冷板凳，他也認真的觀察學習，林書豪在勇士隊不是先發，總要到賽前才知道自己有沒有被登錄，即使被列在登錄名單上，也不確定有沒有上場機會。

林書豪說：「很多時候，儘管等待很久，卻往往只有五、六分鐘的上場機會，我只能盡全力享受比賽，而且要一次比一次更好，這就是我的方法。」

林書豪在ＮＢＡ的第一個球季並不順遂，三度遭下放發展聯盟。不過他並沒有因此洩氣，表示會耐心等待機會來臨，並繼續沉潛準備。不過，他的煎熬仍然持續了好一段時間。

在接連遭勇士隊、休士頓火箭隊釋出後，林書豪終於獲得紐約尼克隊的一紙合約。但是，在動身前往紐約的過程中，他無意做太多準備，甚至計畫在哥哥的沙發上棲身度日。因為，他自己也沒有把握能在紐約待多久。這些過程的不順遂，外界始終隱晦不願明講，林書豪卻打從心裡明白：因為自己是亞裔，就算有再多數字佐證，別人就是不相信他會打球。

不過，二〇一二年二月四日，這一切就在瞬間改變。

那天，在面對紐澤西籃網隊的比賽上，尼克隊的主力球員負傷，導致總教練無牌可打，只能指派即將在三天後被解約的林書豪替補上場。那是他第一次在正規賽中獲得主控全隊的機會，

當時，很少人認識他。

但是，他卻一舉攻下全場最高的二十五分，帶領尼克打敗籃網。從那天起，林書豪一夕成名，他用三十六分鐘證明自己，證明過去十年的努力，證明那些偏見、忽視都是錯誤；他用三十六分鐘，讓球壇看見他，讓全世界的目光再也離不開他。

然而，對林書豪而言，在三十六分鐘的關鍵時刻到來前，自己早已累積了超過一萬小時的練習與努力，擁有取勝的能力，並不是靠運氣。林書豪的成功爆發力，正好反映一個事實：機會只留給準備好的人。

機會，就在行動裡

導演魏得聖說：「上帝在每個人出世時，都會給他一把鋤頭，去挖掘他自己的田地。」面對人生，你的選擇可以是「做」或「不做」。可是「不做」，就永遠沒有成功的機會。

天下最遺憾的事，不是遭遇挫折與失敗，也不是沒能達到預期的目標，而是用太多時間感歎：「我當時真該那麼做，但我卻沒有那麼做。」人生戰場上，哪怕只是贏了別人0.01秒，只要搶得先機，成功仍然非你莫屬！

拿破崙曾說：「行動和速度是致勝的關鍵！」

也許我們都曾有過很多好的想法和計畫，卻由於猶豫和裹足不前，讓它們只能停留在夢想階段。夢想是可貴的，但如果不付諸實踐，就只是無價值的幻想。計畫也是可貴的，但如果不付諸行動，就只是空洞的紙上談兵。

請記住一句話：不怕錯，就怕拖。行動不一定能成功，但是不行動註定無法成功。好的開始是成功的一半，只要你願意開始做某件事，那麼你就已經得到成功的機會。

哲學家蘇格拉底說：「成功是一把梯子，雙手插在口袋裡的人是爬不上去的。」只會想而不會去做的人是成就不了任何事情的，要享受成功的喜悅，行動力比想像力更重要，更有力量。

行動，從現在開始！

讀後感

人生中，有哪些機會不能錯過

- 遇到好老師，不懂得學習。
- 遇到好朋友，不懂得結交。
- 遇到好機會，不懂得把握。

小書籤

大多數人失去機會，因為機會常穿著工作服、而且看來像是在勞動。

【卷七】

第七堂課：

夢想、學習和堅持

從一名平凡的英語教師到全球知名的電子商務鉅子，馬雲說：連我都能成功，你們也一定可以。

不過，當你正向著目標前進時，失敗、挫折、打擊會宛如影子般步步相隨。

如果想要成功，就必需要保持耐力與信心。

因為，路還很長，告訴自己一定要堅持到底。

一只要有夢，路就不會太遙遠一

馬雲經典名言：

「今天工作不努力，明天努力找工作。」

個人小檔案：

中國浙江杭州人，阿里巴巴網站創辦人。西元二千年和二〇一一年馬雲兩度成為《富比士雜誌》封面人物，世界經濟論壇曾評選他為「未來全球領袖」。二〇一三年五月馬雲於淘寶十周年晚會上宣佈，正式卸任阿里巴巴集團首席執行官（CEO）一職。

於二〇一三年五月的淘寶網十週年晚會上，馬雲正式宣佈卸下當了十四年的阿里巴巴集團CEO職位。晚會上馬雲輕鬆地說：「十年以前，看到無數偉大的公司，當時我們感到很迷惘，心想我們還有機會嗎？但是憑著堅持、執著以及勇敢地面對每一次的變化，讓我們走到了今天。」

在創辦阿里巴巴前，馬雲是個英文老師，偶爾兼差當導遊。一九九五年全球網路產業風起雲湧，世界各地都高高吹奏起.com風潮，那年兼差當導遊的馬雲到美國旅行，首次感受到網路的魅力，於是回國後跟朋友借了兩千美元，創立「中國黃頁」公司，專門幫各大公司行號架設企業網站。不久「中國黃頁」被中國電信以人民幣一四〇萬元收購，從此為馬雲的網路事業打響第一炮。

隨後馬雲看好中小企業主對於網路、跨國交易需求的市場日益興盛，於是和親朋好友集資六萬美元，回到家鄉杭州，就在自家公寓架設起「阿里巴巴」網站。只要中小企業主定期繳交年費，網站就可以進行配對，幫助企業主找到海、內外買家，並能透過網路支付系統，安心進行線上交易。

由於全球買家相繼向中國採購商品，市場越來越大，馬雲緊緊抓住機會趁勢崛起，猶如喊對芝麻開門的口號，替自己打開了寶藏大門。

目前阿里巴巴不論會員數、或是營收市占率都穩居中國電子商務龍頭。

「我相信」、「我們相信」才能逆轉勝

阿里巴巴以傑出的經營模式橫掃全球，這個被媒體稱為「永遠不缺話題、永不感到疲憊」的小個子，一路氣走eBay、併購中國雅虎，被公認是中國網路界的傳奇人物。馬雲所經營的阿里巴巴網站，在中國B2B電子商務市場中，占有率達九成。在中國，他以不按牌理出牌的決策風格，和敢於挑戰不可能的任務的決心，因而素有「狂人」稱謂。

馬雲的狂，在於他的熱情、他的堅持，以及無所畏懼勇闖天涯的野心。他對市場的判斷眼光既犀利且精準、又能迅速切入，再加上了解中國消費者心理，讓他面對外商網路業者無往不利。他於二〇〇三年以人民幣一億元成立淘寶網，進軍個人網路拍賣市場，就連向來在全球無往不利的eBay，也在馬雲的步步進逼下，於中國大栽跟斗吃足苦頭，最後仍舊難逃失敗命運。

阿里巴巴橫掃電子商務市場後，外界對於它的成功之道大感興趣，馬雲曾透露阿里巴巴的成功秘訣，就是夢想、學習和堅持。

第一、你自己要相信，就是「我相信」、「我們相信」。

第二、堅持。

第三、學習、

第四、做正確的事和正確的做事。

馬雲說，以上四個關鍵使阿里巴巴一路走到現在。除了理想外，堅持是馬雲非常看重的一點。在馬雲看來，人必須要有自己堅信不疑的事情，你沒有堅信不疑的事情，根本就無法走下去，一旦你相信自己，就會越做越有意思。他強調，自己堅信互聯網會影響中國、改變中國，中國可以發展電子商務，而電子商務要發展，則必須先讓網商富起來。

沒有堅持，理想將變成一種痛苦

他說，很多人比我們聰明、很多人比我們努力，但為什麼我們成功了？我們擁有了財富，而別人沒有？其中一個重要的原因是我們堅持下來了。

馬雲表示，有的時候傻堅持要比不堅持好很多，因為如果空有理想，沒有堅持，理想將變成一種痛苦。

至於中國人做生意時，特別注重的「關係」，在馬雲心目中則認為這是一件最不可靠的事。他說，我沒有關係、也沒有錢，我是憑著自己紮紮實實的努力，逐漸走向成功這一端。我認為關係根本不可靠，也不能憑關係，做生意不能憑小聰明，做生意最重要的是你明白客戶需要什麼，實實在在地創造價值。

其實，馬雲也曾把公司總部放在上海，他在淮海路租了一個很大的辦公室，裝潢得很漂亮，心裡也覺得可以利用一些關係來發展阿里巴巴。結果那年他特別累，招聘不到企業發展所需的專業人才。最後，馬雲決定從上海撤離，先是選定了北京，最後覺得還是回杭州好。

學習能力，可說是阿里巴巴成功的要素。馬雲說，如果我們不學習、不成長，就對不起自己，也對不起這個時代。他表示，成功需要選擇正確的方向，如果方向選錯了，你做得越對死得越快。所以我覺得比較幸運，因為阿里巴巴選擇了一個正確的方向——如電子商務、互聯網，但是當初如果選錯行、做錯了，今天可能也不行。

浮世語

只要有夢想，路就不會太遙遠！

馬雲的故事告訴我們，一切皆有可能！像馬雲一樣，一沒資金；二沒背景；三沒技術的大有人在。而且，其中不乏比馬雲更拼命、更努力、更專注的人，但是只有馬雲苦熬出頭。

不知道有多少人羡慕才四十八歲的馬雲，不僅荷包賺得飽飽，又能提早退休享受人生！但是在馬雲耀眼的成功光環背後，不為人知的是，馬雲曾經一天工作長達二十個小時；馬雲的豪華座車固然令人怦然心動，卻不知道他曾經騎著單車上班三年。

支持著馬雲苦熬過這些艱辛歲月的關鍵，在於相信自己，並且努力走自己的路。他說：「身為一個創業者，首先要給自己一個夢想。當我偶然間有機會接觸互聯網，其實我對技術層面完全不懂。即使到目前為止，我對電腦的認識還是部分停留在收發郵件和瀏覽頁面上。但是這並不重要，重要的是你到底有什麼夢想?!。」

他強調，目前世界缺的不是錢，缺的是夢想和價值觀、是價值觀的缺失、是夢想的缺失。失去了夢想的企業，再成功也只是物質性的成功，並非追夢者的成功。

逐夢踏實，才能生存下來

在競爭激烈的好萊塢，榮獲兩屆奧斯卡最佳導演獎的李安，可說是華人導演中的唯一。不過李安的這條道路，卻走得既漫長且艱辛。

當年李安準備報考美國伊利諾大學的戲劇電影系時，父親十分反對，理由是：「在美國百老匯，每年只有兩百個角色，但卻有五萬人要一起爭奪這個少得可憐的角色」。不過，一心懷抱電影夢的李安並沒有接受父親好意的「忠告」。他毅然決然搭上赴美飛機，努力追逐自己的夢想。

在美國電影界，一個沒有任何背景的華人要想混出名堂，又談何容易！李安擁抱夢想的結果是苦等六年時間，卻依舊毫無所獲。最痛苦的經歷是，曾經拿著一個劇本，兩個星期內跑了三十多家公司，一次次面對別人的白眼和拒絕。那時候，已經近三十歲的李安，每每想到自己老大不小了，還在洋人的世界裡跑龍套，內心的焦慮可想而知。

由於李安的收入並不穩定，家計主要依靠妻子微薄的薪水支撐大局。為了表示歉意，李安一手包辦全部家務，包括買菜、做飯、帶孩子、打掃清潔等。後來岳父一度看不下去，悄悄地讓女兒拿了一筆錢給李安開餐館，也好養家糊口。不過，好強的妻子默默地退回了這筆錢。

在夢想與現實中掙扎求生

李安知道後，心裡很難過，輾轉難眠了好幾個晚上後，這才下定決心：「也許這輩子都無法一圓電影夢，還是面對現實吧！」身為「一家之主」的強烈自尊，迫使他決定屈服於命運。

李安悄悄地到了社區大學選了一門電腦課。心想：只要學習一技之長，就再也不必為生活發愁。不過，由於這根本違背自己的初心，因此連續好多天，他總是顯得垂頭喪氣、悶悶不樂。

妻子很快就發現李安的反常，細心的她無意中看見了丈夫包包裡的電腦課程表，夫妻倆心知肚明一夜無語。第二天一早臨上班前，她突然轉過身對李安說：「安，要記住你心裡的夢想！」

盼得雲開見月明

來自妻子的這份體貼心意，重新喚醒李安幾乎被現實壓扁的夢想，也令他原本波濤洶湧的心逐漸回歸平靜，他撕掉包包裡的電腦課程表、重重地丟進了垃圾桶。

經過了六年的沉潛，李安終於在自己熱愛的電影事業裡發光發熱、揚眉吐氣。這個時候，妻子重提當年舊事才告訴李安：「我一直相信，人只要有一項長處就足夠了，你的長處就是拍電影。學電腦的人那麼多，又不差你李安一個，你要想拿到奧斯卡的小金人，就一定要保證心裡有夢想。」

對一心一意熱愛電影的李安來說，「夢想」就猶如生命中的一盞燈，帶著他一路奔馳向前。

不間斷地學習，讓你更有競爭力

如果，你的人生正處於努力爬坡階段，你當然知道最好要博覽群書，因為他山之石可以攻錯的道理，對你有多重要！但對於安居高位者而言，是否可以就此閉起耳目、高枕無憂？答案自然是否定的。

不論在人生的任何一個階段，能夠把握每一個機會努力學習，才是讓你能夠始終保持競爭力的重要方法。

馬雲說，人要學會投資自己的腦袋。拿杭州人來說，如果你每天旅遊的地方都是蕭山、西湖，那你怎麼去跟一些大客戶交流對世界發展的看法？所以何不把自己的旅遊線放長放遠，到日本東京去看看、去紐約看看、全世界看看，回來之後眼界自然大大不同。

他強調，要想致富，第一個構成要素就是要不斷地學習。古人說「讀萬卷書不如行萬里路」，一個人要擁有長遠眼光和寬大胸懷，必須多跑多看。眼光是走出來的、胸懷是遠遊之後撐大的，捨得在自己腦袋上投資，換得開闊的眼界和獨到的見解，這樣才能讓自己站得更高、看得更遠。

現年已經八十歲的台積電董事長張忠謀，擁有令人欽羨的財富、名望與地位，但是他依舊每日學習不倦。張忠謀強調，人人都該抱持的職業生涯目標是：「無論身處何種行業，都要跟上潮流」。

為了保持自己的競爭力，張忠謀不論再忙，每天都儘可能讀書二小時。同時每當看到不認識的字時，只要遇到一個字不懂，絕對馬上拿出字典就查，查到之後立刻寫下來，而且還自言自語地一直背這個字，在背的時候就把它牢牢記在心裡。

敢堅持，夢想才有價值

齊白石年輕時曾有一位天資比他更好的同伴跟他一起學畫畫，但是這位同伴卻半途而廢，不再作畫。齊白石成名後，這位同伴來拜訪他，並感慨學藝之艱辛，但是齊白石說：「其實成功並不需要太長的時間，只需要四年多的時間。」

同伴睜大了眼睛看他拿起筆紙計算：從年輕到成名為止，每天作畫的時間從一個小時慢慢增加到十個小時，這麼多年來總共花費了三萬七千個小時，折合天數約為四年又四個月。就是這個「四年又四個月」時間，讓齊白石從小木匠到聞名世界的畫壇大師。他之所以成功是貴在堅持、貴在從不放棄，所以不要畏懼成功遙遙無期，只要堅持、勤奮就可以到達成功的彼岸。

早在一九九四年，馬雲在與一位來自西雅圖的外籍老師聊天時，對方提出「Internet」的新名詞，讓他對「Internet」起了好奇心。隔年，他到美國旅遊，用一美元在拉斯維加斯賭博贏來的六百美元買了一台電腦，回國後就向校長提出辭呈，表示要去創業。

馬雲對校長說：「我三十歲了，我要創立一家公司，去實踐我的夢想。」

當二〇〇〇年網路泡沫時，在市場一片哀號聲中，馬雲卻說出「要打造出中國第一的電子商務」、「要把全世界的商人都聯合起來」等狂語，大家都認為馬雲簡直瘋了。但事後證明，他一點都不瘋。

生活是公平的，哪怕吃了很多苦，只要堅持下去，一定會有收穫，即使最後失敗了，也能獲得難得可貴的經驗。

任何人一旦選擇了自己的方向與道路，想成功就必需有所堅持。暫時的失敗不代表永遠的失利；一時的成功也不表示將來的成功。馬雲不斷地以自己的親身經歷告訴每一個後來者：只要有夢想、只要不斷努力、不斷學習，就會有機會到達成功的彼岸。因為，今天很殘酷、明天更殘酷、後天很美好，但是絕大部分的人都死在明天晚上，所以永遠不要輕言放棄每一個今天，只有每天努力才能看到後天的太陽！

哪三樣東西，一旦失去永遠追不回

1. 時間

2. 已做過的事

3. 機會

所以與其等待機會，不如把握機會；

把握機會，不如創造機會。

小書籤

很多人，總是晚上想了千條路、早上起來走原路！如果你不採取行動、不給自己的夢想一個機會，它就永遠不可能實現。

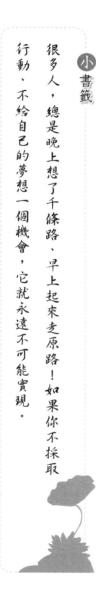

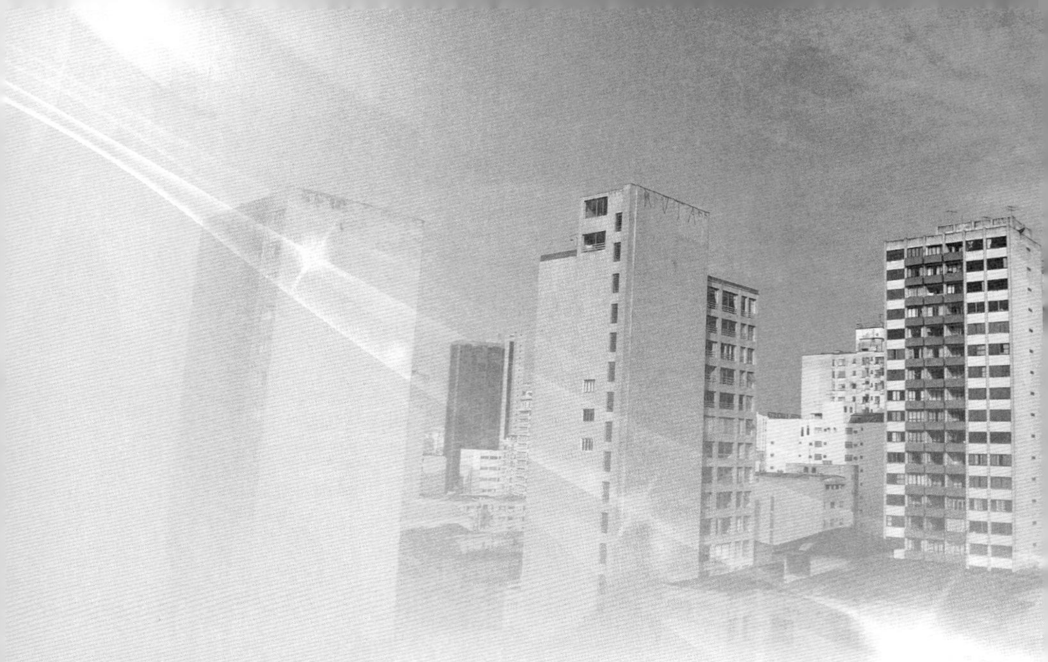

【卷八】

第八堂課：

忠於自己的選擇

人們做出的每一次選擇，決定了自己是怎樣的人，也決定了自己的未來。要想在人生舞台上發光發熱，必需有各種不同的機緣。

但是在那些成功者的身上，我們發現了一個共同的特質：忠於自己，永遠追隨內心的熱情。

你的選擇，決定了你是什麼樣的人

傑夫．貝佐斯經典名言：

「是選擇塑造了我們的人生，所以何不為你自己塑造一個偉大的人生故事。」

個人小檔案：

古巴裔美國公民；亞馬遜集團董事會主席兼ＣＥＯ。普林斯頓大學電腦與電機雙學士。根據二〇一二年美國科技博客雜誌公佈資料顯示，貝佐斯身價高達二〇二億美元。

一九九四年，當貝佐斯還在擔任避險基金的財務分析師時，發現網路正以每年高達二十三倍的速度成長，當下他決定投入網路創業，並開了第一家網路書店。

不過，繼之而來的網路泡沫，讓亞馬遜從天堂重重摔跌到地獄，直到二〇〇三年才開始獲利。歷經長達十年的慘澹歲月，但是他從未放棄。貝佐斯說：「我知道如果失敗了，我不會後悔，但我一定會後悔從未嘗試過。」

華爾街金童的一段鍍金歲月

學生時代的貝佐斯在一篇日記中寫道：「當我環顧班上四周的同學時，我發現有三個同學的物理成績比我好，他們都具備物理天賦，學習起來既容易又愉快。我意識到自己並不聰明，當不成物理學家。」經過深思熟慮，他決定改學電腦。顯然，貝佐斯很早就學習如何冷靜分析自己和別人優缺點，然後再決定下一步該怎麼做。

當貝佐斯從美國名校普林斯頓大學畢業後，很快就進入紐約一家新成立的高科技公司。兩年後，貝佐斯跳槽到一家紐約銀行家信託公司，管理價值二千五百億美元資產的電腦系統。後來，他成為這家信託公司有史以來最年輕的副總裁，這時他不過二十五歲。

但貝佐斯不滿足，他還在繼續前進。

選擇一條不安全的道路，再拼一次

一九九四年時任金融公司副總裁的貝佐斯，負責設計極為複雜的金融工程電腦系統。有一天，當他發現網際網路的瀏覽人次，年成長率竟然高達二十三倍，他認為這個驚人的新趨勢，很可能就是即將改變人類的機會。

埋藏在心底的創業因子由於這個驚人的數字而悸動不已，於是他向老闆提出辭呈，理由是自己想開辦一家在網路賣書的公司。老闆帶著他在紐約中央公園漫步良久，最後說：「聽起來真是一個很好的主意，但是對那些目前還沒有一份好工作的人來說，這個主意會更好。」

這個「建議」讓貝佐斯陷入兩難。但是最終，他決定拼一次！他認為自己如果沒有嘗試過，總有一天會感到後悔。

於是他從父母那裡拿了三十萬美元的創業基金，那差不多相當於一生的積蓄，父母還讓貝佐斯使用他們的車庫在網上賣書。於是他和妻子開車帶著所有的家當，從紐約橫越美國抵達西雅圖，一路上妻子開車，貝佐斯馬不停蹄的撰寫創業計劃。

「一年成長23倍！我怎能慢下來！」貝佐斯加重語氣說。

一刻也不願等待的貝佐斯，在路上便打了一通電話給在西雅圖的朋友，請朋友幫忙介紹一位當地律師，辦理註冊登記公司的事務。選擇西雅圖，是因為最大的書商物流和最優秀的電腦軟體人才就在那裡。

在為自己的新事業命名時，從小對數字很有概念的貝佐斯，希望公司能以A開頭進行命名，因為這樣在網路列表中，可以更快速地躍入人們的眼簾。在翻閱字典後，貝佐斯決定使用「亞馬遜」這個名字，因為他覺得這是個「富有異國情調且與眾不同」的名字。同時，按流域面積和水流量計算，亞馬遜河是世界上最大的河流，這與貝佐斯希望公司成為世界之最的期望不謀而合。

要開一家永不打烊的書店

在離開紐約之前，貝佐斯首先到郵購公會蒐集和查閱資料，他發現銷售第一名的商品是服飾、其次是食品；書籍則大約排在第二十名左右。但是貝佐斯有不一樣的分析：因為書籍的種類比任何郵購商品都多，這正是網路介入最好的優勢。透過網路，貝佐斯有信心可以提供給顧客實體書店所無法做到——最完整、最便宜的選擇。

因此，在出發前往西雅圖前，貝佐斯就已經決定要「開一家永不打烊的書店」，要以賣書作為創業的起點，開啟他改變歷史的序幕。

他們的賭注獲得了驚人的回報。貝佐斯很快成為華爾街追捧的明星。一九九七年上市的亞馬遜，在一九九九年股價高點時，三十五歲的他身價高達百億美元。貝佐斯創造的網路傳奇太動人，從一九九七年到二千年，這個網路金童幾乎活在掌聲中。

不過，如此風光的場面卻隨著網路的泡沫化而急轉直下。當泡沫破裂後，亞馬遜的股價從每股破百美元，重重摔落至六美元。隨著股價崩盤，他的理想一夜之間成了天方夜譚，甚至公司還被嘲諷為「亞馬遜．土司」（Amazon.toast），或是「亞馬遜．炸彈」（Amazon.bomb）；貝佐斯的高人氣隨著網路泡沫一起蒸發消逝，至於他則成為沒人願意再多聽一句話的呆鳥、狂徒、騙子。

忠於自己，勇敢追隨內心的熱情

但是，貝佐斯並沒有洩氣。一直以來，只要認為對的事情，就全力以赴，是他的信念。

當亞馬遜宣佈裁員十五%的時候，人們開始審視它是否有破產跡象？但根本沒有，亞馬遜的狀況很好。

就在大家都對著亞馬遜股價走勢圖議論紛紛之際，貝佐斯卻掏出一張一路走高的亞馬遜銷售圖表說道：「我比較喜歡這樣看，這也是我為什麼這麼樂觀的原因。」靠著自己對經營信念的一貫堅持，在貝佐斯領導下的亞馬遜，度過了最艱難的時刻。

亞馬遜成為網路創業的倖存者，同時也在這個新興產業，站穩一片山頭。至今，依舊坐穩龍頭的地位。

回想這場當年網路泡沫化過程中的生死對決，貝佐斯說：「天賦和選擇不同。天賦得來很容易——畢竟它們與生俱來，而選擇則頗為不易。從華爾街坐擁高薪的金融操盤手到充滿變數的網路新世界，在經過深思熟慮之後，我選擇了那條不安全的道路，去追隨我內心的熱情。至今，我為自己的那個決定感到驕傲。

很多時候是選擇塑造了我們的人生。因此，你必需為自己塑造一個偉大的人生故事。」

浮世語

如今掌舵全球最大網路零售商的貝佐斯，一路走來命運之神在不同階段給了他不同的選擇機會。每一次，他並沒有選擇最省力、最安逸的那條道路，而是跟著自己的內心走，聆聽內心最真實的聲音，一旦決定目標就全力放手一搏。

從享高薪的華爾街金童，到當時僅曙光初露，前景尚混沌不明的網路市場，貝佐斯選擇走一條相對不安全的道路。

當二千年網路泡沫化大震盪，不少網路公司相繼倒閉、撤退，貝佐斯依舊堅守崗位，帶領大船安度狂風暴雨考驗，使得亞馬遜書局至今屹立不搖。

亞馬遜公司的第一份商業計劃也非常與眾不同，它並不急切地期望在四到五年內實現較大的盈利。這種「緩慢」的增長引起許多股東的抱怨，他們對於亞馬遜業績成長不夠迅速，無法獲得合理的投資回報感到不滿。

然而當網際網路泡沫於二十一世紀初爆發後，亞馬遜公司並沒有像許多其他電子商務公司那樣倒下，而是一直生存下來，並最終成為網際網路零售業的巨頭。

寂寞的領頭羊

在亞馬遜書局年營業額僅十億美元時，貝佐斯毅然決然斥資六千萬美元，蓋一間備用的自動化倉庫。後來證明他眼光獨具，這項決定讓亞馬遜在電子商務網站激戰耶誕節檔期時，順利脫穎而出，滿足爆炸性成長的訂單。

貝佐斯不只一次讓華爾街失望，把賺進口袋的大筆毛利，全都又投入深不見底的新服務開發。面對所有外界的懷疑，貝佐斯卻從不急於辯解，因為他相信「時間」將會為他證明一切。

諸多當時看似危險的舉措，包括物流中心、免運費等服務，都在多年後獲得平反，人們終於承認當時是他們自己看不懂貝佐斯的創新。

至於貝佐斯自己又如何看待？「如果你想要當領航者，那麼你也要有能力在被人誤會的情形下維持自在。」他雲淡風清地說。

做自己喜歡的事情，成功才會隨之而來

投資大師華倫．巴菲特說：只有做自己喜歡的事情，成功才會隨之而來。

有一次巴菲特被問及成功之道，他說：做自己喜歡做的事。有人感到不以為然反駁道：「那是因為你很有錢，所以你當然可以這麼說。」巴菲特立刻回答：「當我很年輕的時候，就非常熱愛自己的工作。缺乏興趣而去做一件事，對我而言簡直是不可思議的一件事。那就像是把性愛存起來，等老了再享受一樣。」

江振誠，一位來自台灣，卻在國際餐飲界散發出耀眼光芒的年輕主廚。

才三十六歲，他已經多次得到「全球最佳主廚」評選的榮耀，他在新加坡開設的餐廳被新加坡政府稱為「最值得來新加坡的四十四個理由」之一，至於《紐約時報》

則評選為「世界上最值得搭飛機去品嘗的十大餐廳」，今年更獲選為世界前五十大餐廳。

儘管江振誠成名非常早，二十歲就當上西華飯店法式料理主廚。不過，這項成就他並不滿意，理由是：從未去過法國，即使在台灣被稱為「最年輕的法式料理主廚」又如何？於是，他決定賣掉心愛的摩托車，加上跟阿姨借的十五萬和自己以往的積蓄總共有二十五萬。不過，光是飛往法國的機票錢，就已先花掉七萬塊了。就這樣，他揹著簡單的行囊，選擇拋下「台灣最年輕法國主廚」的光環，飛往法國逐夢。

如今，江振誠是國際料理界赫赫有名的Chef Andre。時代雜誌兩度讚譽他是「印度洋上最偉大的廚師」，他在新加坡擁有以自己姓名為店的高級法國餐廳，要想訂位往往必需等待一～兩個月。

江振誠說：「或許大家覺得我現在成功了，總好奇我的成功祕訣是什麼？其實就是很簡單的把一件事做好。所以，如果有人希望和我學習，那對我來說別無其他，就是努力。每一個人的人生都充滿了選擇，你可以選擇你想做什麼，但不管選擇什麼，都不要貪心。」

做自己，沒有理由不自信

出生於義大利威尼斯近郊一戶貧苦農家的皮爾・卡登，為了躲避戰火，他的父親只得帶著全家人移居到法國，全家人就此定居下來。老皮爾每天騎馬上山採集冰塊，然後再運到城裡賣給有錢人家，掙幾個小錢，勉強維持全家的生計。

一個陽光燦爛的夏日，七歲的小皮爾在草地上拾獲了一個富家小姐丟棄的布娃娃。小皮爾抱著布娃娃回家，從母親的針線籃子裡找來了碎布和針線，在昏暗的油燈旁，精心為布娃娃縫製出一條漂亮的小裙子。這條小花裙成為皮爾・卡登一生中設計的第一件裙子，似乎也預示了他日後的人生道路。

七歲那年，一心嚮往巴黎的皮爾，決心離家追尋夢想，他騎著一輛破舊的自行車前往巴黎，找尋從事服裝行業的機會。

一次邂逅，敲開夢想之門

有一天，皮爾．卡登獨自在一家小酒吧喝悶酒，一位氣質高雅的婦人向他走來。她是位伯爵夫人、原籍巴黎，由於受到皮爾．卡登一身時髦的衣著所吸引，便主動與他攀談。

她問他：「你身上的衣服從哪兒買的？」

「都是我自己做的。」

高貴的伯爵夫人對他說：「孩子，努力吧！有一天你一定會成為百萬富翁！」說完，便把她的好友、巴黎帕坎女時裝店經理的姓名和住址寫給了他。

在一個風雨交加的夜晚，皮爾．卡登手裡緊緊握著伯爵夫人給他的小紙條，他找到了帕坎女時裝店。這家時裝店在巴黎很有名氣，專門為一些大劇院設計和縫製戲裝。時裝店老闆親自對他進行了面試。皮爾．卡登精湛的手藝征服了他，當即被留下。

以時裝大師迪奧為師

不久，幸運女神又再度眷顧了皮爾．卡登，他有機會為一部著名影片《美女與野獸》設計服裝。皮爾．卡登為角色所設計的刺繡絲絨裝一戰成名，於是巴黎服裝界受人矚目的一顆新星開始閃閃發亮。

有一次，當皮爾．卡登偶然間得知巴黎的設計大師迪奧的設計室有空缺時，立即前往應徵，他很幸運地成為迪奧的助手，這段經歷對日後的服飾設計風格具有重要的影響。皮爾從中學到了「高貴」、「大方」、「優雅」的服裝理念和製作技巧，但他不甘心長期寄人籬下，內心的創造欲驅使皮爾．卡登選擇離開迪奧另立門戶。

一九五0年皮爾終於開設自己的時裝公司，三十三歲那年春天，在租來的簡陋小屋裡，他第一次推出自己的女裝設計，一推出便立刻轟動巴黎時裝界。

皮爾．卡登，象徵美麗的代名詞

至今「皮爾．卡登pierre cardin」的名號已縱橫全球時尚界達數十年之久，成為世界上最具知名度的品牌之一，上千份授權合約使用這個名字，他在全世界五大洲的八十個國家裡，有八百多家工廠依照皮爾・卡登的設計，製作出來的產品包括有服裝、食品、皮鞋、磁磚、彩妝、保養品等，年營業額已超過一百億法郎，其個人總資產值達十億美元以上。

當年，只是一個勇於追逐夢想的小男孩。如今他的姓名、以及他所製作出來的各項相關產品，成為全球時尚仕女們心目中的美麗標的。

有自信，好的際遇就會隨之而來

吳季剛，一位時尚界新崛起的服裝設計師。二〇〇九年由於美國第一夫人蜜雪兒・歐巴馬在總統就職晚宴穿上他設計的禮服，而一夜成名。無獨有偶，周美青在馬英九的就職晚宴上、一襲令人驚豔的典雅禮服，也是出自吳季剛之手。二〇一二年以他為名的個人品牌服飾，甫推出便立刻造成話題並銷售一空。

先後成為兩位總統夫人在重要場合的穿著服飾首選，吳季剛的成功來得並非偶然。

從小，吳季剛就喜歡漂漂亮亮的東西，五歲起開始學素描、雕塑。十八歲時成為Integrity Toys的創意總監。由於一心一意想從事服飾設計，因此吳季剛覺得自己唯一的選擇就是留在紐約當設計師。雖然不知從何做起，但一直努力嘗試，從來沒有放棄過。

吳季剛說，像任何產業一樣，時裝業非常難進入，因為人們總是告訴你，你不會成功，但你必須相信自己。

有今日的成就，人人都說吳季剛真幸運。但是他說：「我選擇了自己的人生，而且我很熱愛我的工作。我工作非常認真，對於每一個機會總是全力以赴；因為運氣真的很有限，即使是百中取一的機會，我都會盡最大的努力。」

學會等待，保持不變的熱情與希望

人們在每一次的選擇中，決定了自己是怎樣的人，也決定了自己的未來。要想在人生舞台上發光發熱，必需有各種不同的機緣，但是在那些成功者的身上，我們發現了一個共同的特質：忠於自己，永遠追隨內心的熱情。

即使當置身於挫折苦難中，他們心中依舊燃著熊熊的希望。這份動力成為黑暗中的一盞明燈，帶領人們持續向目標前進。

讀後感

面對選擇時，該做些什麼

- 不要人云亦云
- 聆聽自己內心的聲音
- 做自己喜歡及感興趣的事
- 做自己最擅長的事
- 相信自己，全力以赴

小書籤

相信自己、相信對的事情，可讓我們跨越層層障礙，開啟新的人生。

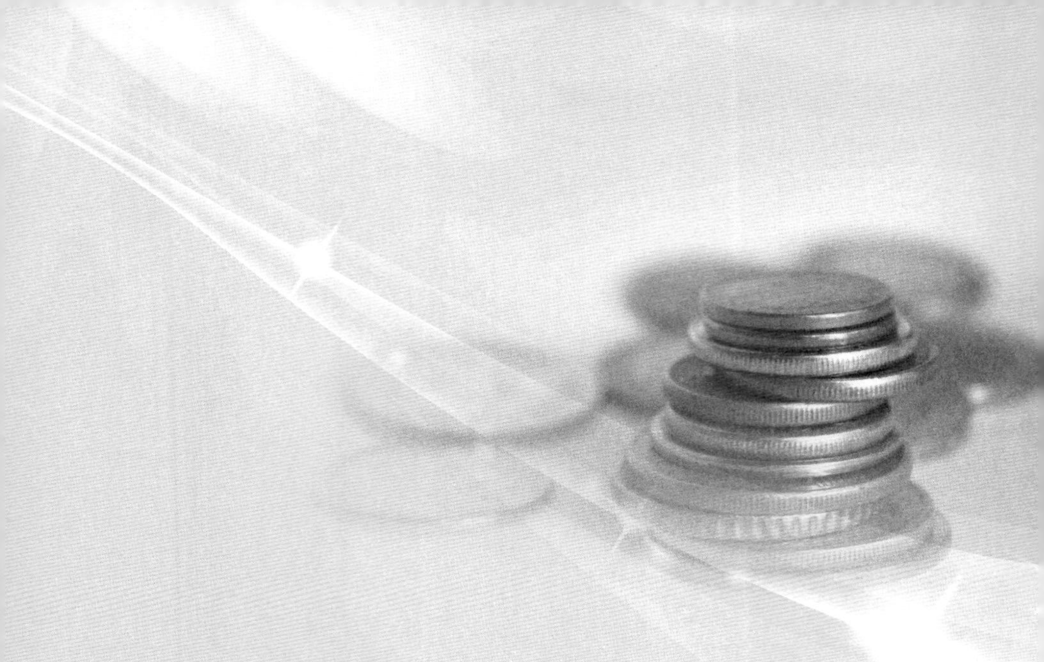

【卷九】

第九堂課：

專注與活力

看見十隻兔子，你到底抓哪一隻？
如果抓多了，什麼都會丟掉。
一次只抓一隻兔子，
每一次，都專心把一件事做好，
就會距離成功愈來愈近。

一專注，才能放大能量創造財富一

凱文．希斯特羅姆經典名言：

「專注於一件事並且把它做得非常、非常的好，就能為你帶來很大的成就。」

個人小檔案：

美國Instagram 公司的創辦人，來自於波士頓郊區的一個中產階級家庭，由於開發出能夠提供手機相片分享的創意軟體程式，才不過短短十八個月的時間，便以十億美元天價賣出，創下矽谷年輕富豪的新神話。

一家公司只做了十八個月、沒有營收、擁有三千萬用戶，以十億美元賣出，創下這個天價神話的是Instagram 公司的創辦人凱文．希斯特羅姆。

二〇一二年四月臉書執行長馬克．祖克伯宣佈，臉書將以十億美元收購照片分享應用程式Instagram公司，這個史無前例的買價創下單一App被併購的最高紀錄。

誰是凱文．希斯特羅姆？這個人以及他的公司Instagram，真正的價值在哪裡？

從四張桌子、一張大枱開始

凱文來自於美國波士頓郊區的一個中產階級家庭，在附近的米德賽克斯寄宿學校念完高中後，他考上史丹福大學，早早地打開了通往矽谷的大門。

凱文和克雷傑同屬史丹福大學的校友，那時候他們經常在舊金山的一家咖啡館偶遇。有一天凱文對克雷傑說：「嘿，說真的，你想不想跟我一起創業？」克雷傑立刻表達出興趣。「我腦海裡馬上浮現出一幅圖像：我在舊金山工作，做我喜歡的事情，辦公室裡只有我們兩個人。」他回憶道。

他們不缺錢，很快就吸引了五十萬美元投資。創辦初期，公司位於三藩市的辦公室只有由四張桌子併成的一張大枱，供全公司四名職員，包括兩名創辦人辦公，直至後來才增至十三人。

經過幾個月他們的新產品Instagram終於完成。Instagram 提供照片分享應用軟體，讓智慧型手機使用者，能快速地將照片分享於社群網站。當年凱文在Odeo實習時經常聊起攝影。他顯然很癡迷，但直到那時才最終付諸實踐。」

新手上線，卻差一點吃掉臉書的午餐

「從一開始，Instagram就是一款簡單的應用，但卻充滿樂趣。」凱文說。Instagram於二〇一〇年十月上架，可以同時相容Twitter和Facebook等分享管道。第一天，這項全新應用就吸引了二萬五千名萬用戶，隨後便呈現出爆炸性的成長。

僅僅一年半的時間，Instagram就吸引了三千萬iPhone用戶，這一切都要歸功於這個應用程式的三大特色：既可快速上傳照片，還能迅速美化圖片，最重要的是，好友都能十分便利地透過網路查看這些照片。

很顯然地，這家小公司擁有的技術能力直接對臉書老大哥facebook造成強烈的威脅，因為照片分享是社交網路體驗的核心，沒有照片，臉書只能算是一片吐司。

美國一家雜誌的主編這麼形容臉書的處境：「這下臉書嚇傻了！他們生平第一次發現，竟然出現了一個競爭對手，不但會把自己的午餐吃掉，還有可能會摧毀臉書的未來。為什麼？因為臉書本質就是關於照片，而Instagram已經發現並且開始攻擊臉書的「阿基里斯腱」（致命傷）——行動照片分享。」

對臉書的創辦人祖克伯來說，消滅敵人最快最直接的方法，就是把他們請到家中坐，並且成為臉書的一份子。如此一來，原本潛在的勁敵才能轉化成為最大助力。

祖克伯邀請凱文到家中作客，並告訴他自己的想法：臉書願意用十億美元收購Instagram以及所有十三名工作伙伴——包括三億美元現金、至於剩餘部分則用臉書股票來支付。

如果你喜歡並享受一件事，不要太快放棄

當首度從祖克伯口中聽到這個消息，凱文感到非常震驚，因為Instagram才發佈短短十八個月！這個天外飛來的意外，讓甫離開祖克伯家的凱文坐在長椅上陷入了沉思。

一個週六的下午，凱文再次來到祖克伯家中進行正式談判，並擬定官方收購協議。隨後由雙方共同宣佈這個撼動全球的天價併購案。一位美國媒體如此形容這樁收購案：十億美元這個價錢「不算瘋狂」。因為臉書收購Instagram不但能提早在戰場上清除一個潛在的競爭對手，還可以讓facebook掌握緊貼潮流的新科技。

至於凱文自己，對於自己一手創造出來的矽谷傳奇，他說：

a.如果你真的喜歡並享受這件事，不要太快放棄。

b.我每天所做的事，基本上有九十九%都是從工作中學來的。

c.課堂上的學習能讓我增加知識，至於『工作』則是每天用來學習的地方。

即使撰寫了矽谷最好的創富神話之一，凱文仍然拒絕打開自己最好的威士忌來慶祝。他說：「如果你打開它，那麼就已經打開了它，我仍在等待合適的時機。」

一個簡單卻能打動人心的技術能力，在短短十八個月內打造出出十億美元的身價！這個傳奇仍將繼續！

更重要的是，Instagram似乎正告訴更多創業者一項真理：專注在一個領域，並保持輕薄短小的體積去創造優美的體驗，你將會發現一個完全不同的世界。

浮世語

如果你看見十隻兔子，你到底抓哪一隻？有些人一會兒抓這隻兔子，一會兒抓那隻兔子，最後可能兔子全跑光，就連一隻也抓不住。

有的人腦子並不聰明、出身普通、機遇又不比別人更好，最終卻功成名就，根本原因在於他們更善於把握小事，並且努力把它做到最好！

人在一生中面臨著各式各樣的機會，阿里巴巴創辦人馬雲說，大多數人一輩子也許只能做一件事，世界上八十％以上的成功企業都是只專心主業，誰能把自己最擅長的產品做到最精美、最實用，誰就能在眾多的競爭者中脫穎而出。

用心做事就會贏

用心做好一件事就能產生巨大能量，例如台積電董事長張忠謀，從年輕到老只專注做一件事，就是半導體，所以他現在是台灣的「半導體之父」；從小喜歡洋娃娃的吳季剛，對美學、色彩有獨到的天分，很早就立志當服裝設計師，如今揚名國際時尚圈。

此外，歌手周杰倫、蔡依林都是靠著第一專長走遍天下，他們都沒有第二專長，卻能夠在自己所專注的舞臺發光發熱。

吳寶春，一個鄉下窮孩子，十七歲便離家做學徒。當上師傅時，傳統做麵包方式卻又因時代變化而被淘汰。他如何突破、改變自己的命運？

吳寶春說，首先要很清楚自己要的到底什麼，不然你無法設定目標，很多人不知道自己要什麼，其實只是不敢面對而已；其次還要懂得自我激勵。

用「小成功」累積自信

十多歲當學徒時候，他一天工作十六個小時，兩、三個月才能回家一次，夜裡與蟑螂、老鼠為伍，有時睡到一半還會被師傅叫起來繼續揉麵。那時他常一大早搭車到中正紀念堂，好不容易偷得片刻安靜睡一覺，到了傍晚才再回到麵包店繼續工作。

那段日子刻骨銘心，冬天常在飢餓和寒冷中醒來，但他總在內心告訴自己要做一隻打不死的蟑螂。後來擔任管理職，每次開會常因抓不到重點而被叮得滿頭包，只有國中學歷，連寫個簽呈都很痛苦，每天都是煎熬。

最沮喪的時候他告訴自己：瓶頸就像杯子，選擇放棄，就得永遠待在杯子裡面。於是吳寶春改變調整心態，全心全力朝向目標大步前進。挫折與淚水中他體會出，雖然自己比別人笨，不過沒關係，只要努力就能拉近距離。一路走來，最終才發現原來一個人的潛能這麼大，每個人都有無限可能。

所以千萬不要小看自己，不妨全心享受這個過程。如果你猶豫了，是因為意志還不夠堅定。不妨想想看，要成功，如果連小小失敗都無法面對，如何接受更大挑戰？

如今，走過坎坷的吳寶春說，自己曾經是個很自卑的人，所以一開始不會設定太高遠的目標，而是先設定「短期目標」一一克服困難，用「小成功」先累積自信，然後每向前一小步，就越接近成功。

專注，就能找到方向

二〇〇九年，兩位西北航空的機師因為飛機偏離航道一五〇英哩而被吊銷執照。當塔臺試圖聯繫時，他們正在使用筆記型電腦安排之後的航班，沒注意到飛機已經超過機場。

機師因為太過注意未來的航班，卻忘記航行中的飛機，很不可思議嗎？想想你自己是否也經常做事三心二意，總想著下一件事還沒做，於是將手中現有的工作草草完成？覺得人生應該分散風險，於是不停地轉換跑道，時常把自己操到精疲力盡卻毫無所獲？

根據美國密西根大學的一項研究顯示，同樣是完成兩項工作，一次只做一件事的人所花費的時間，比起在兩件事之間來回切換的人，節省了二十五%。

由此可見，專注是效率的基礎。更重要的是，當你專心一致，全力投入目標時，能充分發揮潛能，不僅有助於完成任務，同時心理上會感到更滿足，對自己充滿自信，覺得人生更有意義。

做自己最該做，最想做的事

世界上大約有一半的人，都在從事和自己興趣格格不入的工作，這就好像被打亂了秩序全攪和在一起，擺錯位置的人總感到痛苦不已。

杯子是杯子，打火機是打火機。它們的條件不同，功能也不同。杯子若是想不開，想替代打火機打火；打火機若是想不開，想扮演杯子盛水，那麼就是噩夢的開始！

不要在意別人的喜好，你應該專注於自己的喜好。

如果你喜歡木工工作，那麼你就去做一個木匠；如果你的內心要求你從事醫學工作，那麼你就做一個醫生。一心一意專注於自己所選擇的目標，成功的機會越大。

選定自己的一把椅子

義大利著名男高音歌唱家帕瓦羅蒂，回顧自己走過的路時說：當我還是個孩子，我的父親、一個麵包師，就開始教我學習唱歌。他鼓勵我刻苦練習，培養嗓子。後來，我在家鄉義大利的一所師範學院上學。畢業時，我問父親：「我應該怎麼辦？是當教師還是成為一名歌唱家？」

父親回答說：「帕瓦羅蒂，如果你想同時坐兩把椅子，你只會掉到兩個椅子中間的地上。在生活中，你應該選定一把椅子。」於是我做出了選擇。忍受失敗的痛苦，經過七年艱辛苦學歲月，最終我正式登臺演出。此後我又花費大約七年的時間，才得以進入大都會歌劇院。

其實我們不該去問生命有什麼意義，因為該被問的是我們自己。我們應該勇敢回答生命給我們的每一個難題，努力做好手中的每一件事，那麼你將會發現自己的每一天都過得很快樂、很有價值。

現在我很確定的是：不論是砌磚工人、還是作家，不管我們選擇何種職業，都應該有一種獻身精神。堅持不懈就是成功關鍵，人生的訣竅就是全心全意經營自己的長處。

讀後感

不專心，四個容易讓你分心的「小偷」

1. 想要的太多
2. 缺乏說「不」的能力
3. 沒有主見，人云亦云
4. 不做什麼事，比要做什麼事更重要

小書籤

要從工作或生活中獲得最大的成功，最好儘可能縮小範圍，聚焦在最重要的一件事情上。

國家圖書館出版品預行編目資料

富人的口袋，窮人的天堂——那些有錢人不說，卻默默在做的致富秘密／李裕　作　--臺北市；墨客文化, 2013.07
面；公分, --（財富管理；1）
ISBN 978-986-89642-0-4（平裝）
1.成功法　2.財富
177.2　　　　1020011290

富人的口袋，窮人的天堂
—那些有錢人不說，卻默默在做的致富秘密

財富管理01

作　　者　李　裕
主　　編　簡淑玲
執行編輯　蕭又斌
責任編輯　黃昭儀
校　　對　梁碧雲；鄧淑霞
封面設計　黃聖文
內頁排版　菩薩蠻數位文化有限公司

出　　版　墨客文化有限公司
台北市內湖區洲子街181號2樓
電話：(02)2659-4952
傳真：(02)2658-8307
讀者服務　E-mail：sun.books@msa.hinet.net

經 銷 商　成陽出版股份有限公司
(33051)桃園市春日路1492-8號4樓
電話：(03)3589-000
傳真：(03)3556-521
印　　製　中茂印刷事業股份有限公司
本版發行　2013年7月
定　　價　NT$280
I S B N　978-986-89642-0-4